ROWOHLT
BERLIN

Bernd Neumann

Hannah Arendt und Heinrich Blücher

Ein deutsch-jüdisches Gespräch

Rowohlt · Berlin

PAARE Herausgegeben von Claudia Schmölders

1. Auflage September 1998

Umschlaggestaltung: Walter Hellmann
(Fotos: Archiv für Kunst und Geschichte,
Berlin; Schiller-Nationalmuseum)
Satz Berling PostScript Quark XPress 3.32
Gesamtherstellung Clausen & Bosse, Leck
Printed in Germany
ISBN 3 87134 322 6

Inhalt

Abschiede von Deutschland: Eine Liebe in Paris
(1929–1941)

Eine provisorische Ehe

Berlin, Hauptstadt der Weimarer Republik, Anfang der dreißiger Jahre: Ein Ehepaar lebt auf allerengstem Raum zusammen. Als der Doktorvater der Frau, der damals bereits bekannte Philosoph Karl Jaspers, sie besucht, müssen alle in einem Restaurant frühstücken: Die Wohnung dient tagsüber anderen Zwecken. Nämlich dem Tanzunterricht – Swing, Quickstep und sicher auch Charleston, jeweils den Modetänzen der Saison. Eine doppelt belegte Wohnstätte war kein ungewöhnliches Schicksal im Berlin dieser Tage. Die Metropole erschien überschwemmt von mittellosen Intellektuellen und Künstlern, die hier im Zentrum Deutschlands auf ihren Durchbruch hofften. Das Ehepaar lebte wirklich in Verhältnissen, die sich in zeitgenössischen Romanen wie Erich Kästners «Fabian» oder Hans Falladas «Kleiner Mann, was nun?» als Alltagskost jener Jahre beschrieben finden. Provisorische, intellektuelle Existenzen am Rande und gegen Ende der Weimarer Republik.

Zudem waren beide, die hier auf engstem Raum zusammenlebten, deutsche Juden: Hannah Arendt und Günther Stern alias Günther Anders. Die Frau war im Jahre 1929 als frischgebackene Doktorin der Philosophie aus Heidelberg hierher übergesiedelt. Doch wird sie nicht lange in Berlin bleiben können; nicht nur die Wohnverhältnisse ihrer Ehe erscheinen provisorisch. Auf Berlin wird Paris, auf Günther

Stern Heinrich Blücher folgen – ihr zweiter Mann, seinerseits in Berlin groß geworden und als ein Teilzeitjournalist und Vollzeitbohemien hier immer noch ansässig. Hannah Arendts Berlin-Aufenthalt, ein Provisorium in jeder Hinsicht, geriet zum Vorspiel ihres Lebens in Paris, denn dorthin werden Blücher und sie, unabhängig voneinander, nach Hitlers «Machtergreifung» 1933 emigrieren – zwei zunächst illegale deutsche Flüchtlinge, die später ihren Aufenthalt legalisieren werden, um sich scheiden lassen zu können, zum Zweck der Eheschließung.

Noch 1929 beschäftigten Hannah Arendt private, eher existentielle Probleme ebensosehr wie die Sorgen der großen Politik. In der akademischen süddeutschen Provinz, aus der sie kam, war vieles zurückgeblieben, was sie zu vergessen wünschte – so ihre Liebesaffäre mit dem Philosophen Martin Heidegger. Darüber später. Im Januar des Umzugsjahres hatte sie in der Reichshauptstadt ihren ehemaligen Kommilitonen Günther Stern wiedergetroffen: auf einem akademischen Maskenball, Hannah besuchte ihn verkleidet als arabisches Haremsmädchen, und es wurde ein Wiedersehen mit Folgen. Beide zogen schon bald zusammen. Nach Monaten trauscheinlosen Zusammenlebens heiratete man im September 1929. Die Freunde Yela und Henry Löwenfeld fungierten als Trauzeugen. Bei dem Ehepaar Hannah Arendt und Günther Stern erschien dann Karl Jaspers zum eingangs beschriebenen Besuch.

Die Berliner Jahre wurden eine Zeit der Vergeblichkeit. Während Günther Stern sich in Frankfurt um eine Habilitation bemühte – sie dürfte übrigens daran gescheitert sein, daß Sterns Arbeit über Musikphilosophie mit den Auffassungen Theodor W. Adornos kollidierte –, schrieb Hannah Arendt für die «Frankfurter Zeitung» einen Artikel über Augustinus, Gegenstand ihrer Dissertation. Sie wollte den Philosophen und Kirchenvater als den antiken Begründer des Goetheschen Entwicklungsromans begreifen. Auch verfaßten die Sterns gemeinsam einen sehr einfühlsamen Artikel über Rilkes «Duineser Elegien» und die darin beschworene Transzendenz der Liebe, der 1930 in der «Neuen Schweizer Rundschau» erschien.

Das war zum Leben zu wenig, zum Sterben zu viel. Man wechselte, der Not dieser Kriegsjahre folgend, häufig den Wohnsitz. Zog später, für jeweils kurze Perioden, nach Frankfurt, dann erneut zurück nach Heidelberg. Ebenso unstet wie unbefriedigend erschien Hannah Arendts Ehe mit Günther Stern, der sich dann als Feuilletonredakteur des Berliner «Börsen-Couriers» Günther Anders nannte, ein literarischer Nom de guerre, unter dem er später bekannt wurde. Gemeinsame Photos bezeugen: Dieser Mann wurde zwar von Hannah als geradezu brüderlich verbunden erlebt, bedingt durch die intellektuelle und familiäre Herkunft. Auch begegnete er ihr mit größter Rücksichtnahme und tiefer Ergebenheit – doch erwies er sich als unfähig, ihre Gefühle ungeteilt, gar leidenschaftlich auf sich zu ziehen. Sie scheint aus diesen Photos herauszuschauen, als wünsche sie nichts sehnlicher, als den Armen zu entfliehen, mit denen er sie umschlungen hielt. Hannah Arendt, so scheint es, hatte weder ihre süddeutsche Jugendliebe vergessen noch die Sehnsucht nach der großen Liebe überhaupt, die ihre deutsch-romantische Jugend geprägt hatte. Günther Stern war ihr alles mögliche, sogar erster Ehemann – ihre große Liebe war er nicht. Diese Frau warnte später die Tochter einer Freundin ausdrücklich davor, sich bei der Eheschließung vom Format der zukünftigen Schwiegereltern beeindrucken zu lassen. Hannah nämlich hatte Stern auch deshalb geheiratet, weil sie dessen Eltern, zwei bekannte Kinderpsychologen, bewunderte. Ferner auch, weil Hannahs eigene Mutter die Verbindung mit dem begabten jungen Juden so lebhaft befürwortet hatte. Dies mochte Voraussetzungen für eine gute Arbeitsgemeinschaft ergeben, nicht aber für Liebe oder erotische Leidenschaft.

Provisorisches Leben in einer provisorischen Republik

Die Reichshauptstadt als Platz eines provisorischen Lebens: das galt politisch wie privat auch für Heinrich Blücher. Der damals Neunzehnjährige war, wie die meisten seiner Generationsgenossen, 1918 von einem chaotischen Kriegsende nicht nur in die politische Radikalisierung entlassen worden, sondern auch in ein privates Leben, das aus allen Geleisen zu geraten schien. Der entlassene Soldat, der anarchistische Interessen pflegte und bald der KPD beitrat, kehrte zwar im Sommer 1919 noch einmal in eine Lehrerausbildungsanstalt zurück. Doch er schloß diese Ausbildung nicht mehr ab. Sein selbstgeschriebener, bislang unveröffentlichter Lebenslauf begründet den Tatbestand mit der herrschenden «ausserordentlichen Junglehrernot». Die elenden Verhältnisse für Lehrer in der jungen Republik hätten ihn veranlaßt, «diese Karriere aufzugeben, was ich nur allzu gern tat, da ich in der Auflösung der Zeiten eine Gelegenheit sah, mich meiner Grundpassion, dem sozialen Interesse, völlig zu ueberlassen».

Aus sozialem Interesse heraus also arbeitete Heinrich in den folgenden Jahren der Weimarer Republik als Journalist. Als «Hilfsredakteur» erhielt er Gelegenheit, «an der Organisation einer neuen Nachrichtenagentur teilzunehmen und schließlich Leitender Redakteur dieses Unternehmens zu werden. Die Pflichten parlamentarischer Berichterstattung für die Provinzpresse gaben Zugang zu den politischen Kreisen der Republik. Gerichts-Saal-Berichte, Lokalberichte führten an das tägliche Leben der Bevölkerung heran; Theater-, Kunst- und Filmkritik bildeten Kontakte zur intellektuellen Welt, deren Leben im Berlin jener Zeit strudelnd genug war, um die mannigfachen Aspekte unserer Epoche sehen zu lassen.» Blücher wagte, so steht es jedenfalls in seinen Erinnerungen, später sogar den Sprung zum «Free-lancer», baute sich eine «selbständige Existenz» als Reporter und Textverfasser auf. «Nach und nach konnten solche Arbeiten in den Hintergrund treten, weil ich Beziehungen zum Film bekommen hatte und mit Film-Manuskripten, Songs, dramaturgischen Bearbeitungen, Artikel-Serien und gelegentlichen Hörspielen besser verdienen konnte.»

Was sich in diesen Passagen fast wie eine Hollywood-Karriere liest (und gewiß auf amerikanische Erwartungen abgestellt war, Heinrich schrieb seine Lebensbeschreibung schließlich in New York), war inspiriert von Blüchers Freundschaft mit Robert Gilbert, dem Mittelpunkt eines Kreises von Berliner Intellektuellen und Künstlern. Dieser Sohn von Jean Winterfeld, der seinerseits mit Schlagern und Operetten bekannt und reich geworden war, dieser kompositorisch ebenfalls begabte Sohn nannte sich Robert Gilbert und hörte eines Abends auf einer Versammlung der Kommunisten den Redner Heinrich Blücher sprechen. Der Mann beeindruckte ihn tief. Er machte sich nach der Veranstaltung mit ihm bekannt. Doch Blücher nahm das spontan geäußerte Kompliment: er sei ein rednerisches Naturtalent, gar nicht erst an. Sondern erwiderte getragen: «Ich bin ein Philosoph!» Unter diesem Zeichen erfolgte Blüchers Eintritt in die linke Bohemeszene der zwanziger Jahre.

Der selbsternannte Philosoph und der Liedermacher wurden schnell, was der Berliner Jargon «dicke Freunde» nennt. Gilberts großzügiges Gönnertum und ihre gemeinsamen anarchistisch-bohemischen Interessen machten die ausführliche Erkundung des Berlins der zwanziger Jahre möglich, nächtelang, trinkend, rauchend und vergnügt, wie noch heute vereinzelte Photos zeigen. Beide interessierten sich für die intellektuellen Attraktionen der Metropole ebenso wie für die Boheme. Der Esprit des Berliner Straßen- und Kneipenlebens band die Dioskuren zusammen. Die Königsbergerin Hannah Arendt, die sich sozial gern eher abgrenzte, las aus Gilberts Versen ab, daß die zwei sich gelegentlich «am

Rande der Gosse» bewegen und die Grenze zum Kitsch überschreiten konnten. In ihrem Artikel mit dem sprechenden Titel «The Streets of Berlin» (in: «Nation», 23. März 1946) schrieb sie, daß sich im Berliner Sprachstil die Qualitäten des Berliner Geistes ausdrückten. Extreme Skepsis stünde neben Geistesschärfe, anrührende Freundlichkeit neben strenger Scheu vor aller Sentimentalität. Dieses Mischungsverhältnis prägt auch viele Verse Gilberts, die teilweise unmittelbar den gemeinsamen Erlebnissen der Freunde entsprangen. Den beiden war damals wohl ein heilig-profanes Erstaunen vor dem Leben selbst gemeinsam, das sich am Krisenhaften und Provisorischen ihres Daseins entzündete. «Und wo andre längst zu Haus sind, / wo se wohl teils Mann, teils Maus sind, / steh' ick permanent verwundert / mit der Klinke in der Hand.»

In diesen Versen permanent Verwunderter überlebte das Berliner Krisenbewußtsein damals in poetischer Lebendigkeit und erstaunlicher Frische. Es manifestierte sich beispielsweise im Eichendorff-inspirierten Gassenhauer der Arbeitslosen: «Keenen Sechser in der Tasche / bloß 'n Stempelschein. / Durch die Löcher der Kledasche / kieckt die Sonne rein. / Stellste dir zum Stempeln an, / wird det Elend nich behoben – / Wer hat dir, du armer Mann, / Abjebaut so hoch da droben?» Diese Krisenstimmung besaß ihrerseits eine Ahnung des politisch Ungeheuren, das als Ausgeburt der Zeiten zur Welt kommen könnte. Ein Gilbertsches Epigramm lautete nämlich: «Ihr sollt zusammenschlagen! Erst die Hacken. / Zweitens die Welt. Am Schluß die Hände überm Kopf.» Jetzt stand die Welt schon kurz davor, die Hände über dem Kopf zusammenzuschlagen angesichts dessen, was im Januar 1933 mit Fackelzügen durch das Brandenburger Tor gefeiert werden sollte: Hitlers «Machtergreifung» stand unmittelbar vor der Tür. Sie wird sowohl Arendt wie Blücher aus Berlin vertreiben.

Der Weg in die Emigration

Günther Stern und Hannah Arendt hatten sich in ihrem Berliner Zusammenleben immer mehr voneinander entfernt. Die Politik begann in ihren Alltag hineinzuspielen. Die Nazis wurden täglich stärker. Auf diese Situation reagierte Hannah politisch, engagierte sich bei Kurt Blumenfelds Zionistenorganisation, die sie bereits in Königsberg kennengelernt hatte. Sie näherte sich darin, noch ohne mehr zu kennen, Blüchers Position: Einzig politisches Engagement erschien der drohenden politischen Katastrophe noch adäquat. Günther Stern dagegen plante einen Roman. Umgab sich dazu mit – zumeist kommunistisch denkenden – Künstlern und Intellektuellen. Er stand damals Brecht nicht fern, wollte das heraufziehende Unheil für die Nachwelt festhalten, begriff als künstlerische Chance, was ihn schon bald aus dem Lande vertrieb. Die Entfremdung zwischen den Eheleuten wuchs somit an. Im April 1932 eröffnete Hannah Arendt ihrer Mutter, daß sie mit ihrem Ehemann kein Kind haben werde. Freilich, sie wird dann auch mit Heinrich Blücher kein Kind haben wollen (aber die Frage, ob die Ursache dafür hauptsächlich in Blüchers Familiengeschichte begründet lag, muß noch erörtert werden). Bereits im Frühjahr 1932 stand fest: Diese Ehe war im Begriff, sich aufzulösen – eine Verbindung, die im erotisch-sexuellen Bereich immer unerfüllt geblieben war, eine Gemeinschaft allenfalls für den Tag und seine geistigen Produktionen.

Die Trennungsgeschichte der Sterns wurde mit dem Jahr 1933 zum Ausdruck unterschiedlicher Reaktionen auf Hitlers «Machtergreifung». Günther Stern emigrierte im Februar 1933, wenige Tage vor dem Reichstagsbrand, nach Paris. Sein Name stand in Bertolt Brechts konfisziertem Adreßbuch. Hannah dagegen blieb in Berlin, auf Widerstand eingestellt. In ihrer Steglitzer Wohnung in der Opitzstraße verbarg sie politische Flüchtlinge, benutzte dabei eigene Verwandte als Tarnung. Die Königsbergerin half auch Kommunisten, begann Trotzki, Marx und Lenin zu lesen. Derart bereiteten die Forderungen der Zeit sie auf Paris und die dortige Begegnung mit Heinrich vor. Vor allem aber sammelte Hannah im Auftrag von Blumenfelds zionistischer Organisation antisemitische Äußerungen auf «unterer Ebene», trug zusammen, was an zu wenig prominenter Stelle veröffentlicht wurde, um auch vom Ausland registriert zu werden.

In dieser Situation führte Hannah mit Karl Jaspers, der gerade jetzt demonstrativ von ihrem «Deutschsein» sprach, heftige Diskussionen über diese Frage. Mit ihm als wissenschaftlichem Betreuer schrieb sie damals bereits an ihrer Rahel-Varnhagen-Biographie, der Lebensdarstellung einer deutschen Jüdin aus der Romantik. Hannah bekannte sich zur eigenen Jüdischkeit – und mußte dennoch, damals wie später (der im folgenden zitierte Ausspruch galt für ihr gesamtes Leben), einsehen: «Für mich ist Deutschland die Muttersprache, die Philosophie und die Dichtung. Für all das kann und muß ich einstehen» (Brief vom 1. 1. 1933 an Jaspers). In den aktuellen Nöten der Zugehörigkeit berief sie sich auf jene «Zweideutigkeit», die sie an Rahel in diesen Fragen kennengelernt und in ihr eigenes Leben übernommen hatte. Rahel Varnhagen als Nothelferin in Zeiten existentieller politischer Bedrängnis. Hannah Arendt hatte, wenn man so will, mit der Wahl ihres Themas bereits Jahre zuvor das eigene Schicksal vorweggenommen. Hitlers «Machtergreifung» ließ nun die Literatur ins Leben übertreten – exakt zu einem Zeitpunkt, da das Politische nach Günther Sterns Willen zu Literatur werden sollte.

Im Herzen Berlins, am Alexanderplatz, sie frühstückte gerade ausgiebig, wurde Hannah Arendt im Jahre 1933 verhaftet. Man verhörte sie, fand aber nicht genug Belastendes. Der Beamte der politischen Polizei («ein reizender Kerl» nach dem Zeugnis der Verhafteten) verschaffte ihr erst Zigaretten und dann sogar die Möglichkeit, die Haft zu verlassen. Sie vertraute ihm auf sein Gesicht hin so sehr, daß sie gar keinen (jüdischen) Anwalt wünschte. Verhaftung und Verhör gaben jedoch den Ausschlag: Ohne Reisepapiere floh Hannah über die «grüne Front» nach Prag. In der Stadt an der Moldau sammelten sich damals die meisten deutschen Emigranten, vor allem die aus dem linken Spektrum. Arendt überschritt die Grenze, indem sie das Haus einer sympathisierenden Familie durchquerte, dessen Eingang in Deutschland und dessen Ausgang in der damaligen Tschechoslowakei lag. Sie hatte – zum ersten Mal in ihrem Leben – Deutschland für eine längere und ungewisse Dauer verlassen. Sie kann anfangs noch auf eine rasche Veränderung der politischen Lage gehofft haben. Doch niemand vermochte zu sagen, wie lange dieses Exil dauern würde. Sie hatte jedenfalls ein Land verlassen, in das ihre Familie vor vielen Generationen gekommen war, um dessen Sprache und dessen Kultur zu erlernen und dort «Heimat» zu finden – ein Wort, das dem Deutschen vorbehalten ist –, die von nun an für immer hinter ihr lag.

Über Nacht erschien die komplette Lebenswelt verändert, auch das Bewußtsein. Arendt selbst hat das in einem Interview beschrieben. Zwei Erkenntnisse veränderten ihre Geisteshaltung: zum einen, daß die ehemalige Studentin der Philosophie sich nun politisch verantwortlich fühlte (und wohl auch die politische Untergrundaktion ein Stück weit als Abenteuer schätzenlernte). Zum anderen registrierte sie mit grenzenloser Enttäuschung, daß das akademische Deutschland ziemlich umstandslos und zur Gänze im Begriff erschien, sich «gleichzuschalten». Der Philosoph Heidegger hielt seine berüchtigte Rektoratsrede. Der Germanist Benno von Wiese hatte seine ehemals sehr enge Freundin noch in der Berliner Opitzstraße besucht und verkündet, man lebe jetzt in «großen Zeiten». Hannah Arendts Reaktion darauf konnte nur heftig ausfallen: «Ich ging aus Deutschland, beherrscht von der Vorstellung ... Nie wieder! Ich rühre nie wieder irgendeine intellektuelle Geschichte an. Ich will mit dieser Gesellschaft nichts zu tun haben.»

Von «dieser Gesellschaft» wollte die Emigrantin nichts mehr wissen. Doch meinte sie nicht das gesamte Deutschland. Die Absage zielte zuerst gegen die deutschen Intellektuellen. Leute, als Philosophen, «Liebhaber der Weisheit», an Universitäten angestellt, die Karriere zu machen suchten, während ihre Schüler die Konzentrationslager füllten. In dieser Situation wurden lebensgeschichtliche Weichen gestellt. Hannah Arendt wird sich in Paris zu dem zwar ebenfalls deutschen, aber eben nichtakademischen, plebejischen Philosophen Heinrich Blücher hingezogen fühlen – zu einem Illegalen, der für sie die abenteuerliche (und auch erotisch attraktive) Seite der konspirativen politischen Arbeit verkörperte.

Ohne zynisch werden zu wollen, könnte man sagen: Die nun anbrechenden Zeiten der Emigration waren einem Charakter wie dem Heinrich Blüchers nicht durchweg ungünstig. Erforderten sie doch Eigenschaften, die der Mann in ganz besonderem Maße besaß: neben einem ausgeprägt politischen Bewußtsein Mut und Chuzpe, Spaß an konspirativer Tätigkeit, Unabhängigkeit von materiellen Besitztümern, ferner eine tiefe innere Ruhe und unbedingte Überzeugtheit vom Wert des eigenen Daseins. In seinen Pariser Jahren muß Blücher über jene erhebliche Elastizität des Geistes und des Gemüts, wie sie für eine Existenz in der Emigration eigentlich unerläßlich ist, verfügt haben. Auch seine Photos aus den Pariser Tagen, auf lebensbejahende Weise elegant und von einer gewissen konspirativen Bonhomie beherrscht, verraten, daß dieser Berliner immer überzeugt war, zu den Überlebenden zu zählen.

Blücher hätte übrigens nicht um jeden Preis emigrieren müssen. Er war «Arier» und hätte – Kommunist hin, Kommunist her – die «Gleichschaltung» zumindest versuchen können. Gerade das aber kam ihm nicht in den Sinn. In solchem Verhalten erschien er in den Augen seiner späteren Frau konsequenter als beispielsweise Theodor W. Adorno, den sie der versuchten «Gleichschaltung» verdächtigte. Hannah haßte damals, nach ihrer Erfahrung mit vielen ihrer deutschen intellektuellen Freunde, nichts so sehr wie deren deutsche Anpassungsfähigkeit. Heinrich Blücher dagegen konnte schreiben: «Trotz dieser verhältnismäßig unpolitischen Tätigkeit der letzten Jahre war ich mit dem Leben und den Menschen der Republik und der Demokratie in Deutschland ständig so verbunden geblieben, daß ich der hereinbrechenden Nazi-Bewegung mit äußerster Feindseligkeit gegenüberstand.» Der Bohemien und Anarchist verleugnete seine politischen Überzeugungen niemals und verließ Ende 1933 Deutschland – das er dann fast dreißig Jahre lang nicht wiedersehen sollte.

Blücher, ehemals Mitglied der jüdischen Jugendorganisation «Blau Weiß» und passionierter Liebhaber jüdischer Frauen, ging es offenbar von Anfang an um Solidarität mit den Opfern des Hitlerschen Antisemitismus. In diesen Zusammenhang gehören seine ersten Ehen. Als sehr junger Mann, vermutlich Anfang der zwanziger Jahre, hatte er Lieselotte Ostwald geheiratet. Doch diese Ehe endete schnell mit Scheidung. Blücher, auch darin ein Mythomane, hat diese Verbindung später gern verschwiegen. Selbst Hannah Arendt (wie auch Blüchers Partnerin der ersten Pariser Jahre, Lotte Sempell), erfuhren erst 1937 davon, durch die zufällige Entdeckung eines Hochzeitsphotos. Seine zweite Frau, Natascha Jefroikyn, hat Blücher aus eindeutig politischen Motiven heraus geheiratet. Natascha und ihre Schwester, beide in Litauen geboren, waren bereits 1920 nach Berlin umgesiedelt. Blücher heiratete Natascha 1932, um ihr die deutsche Staatsbürgerschaft zu verschaffen – damals noch ein Schutz gegenüber dem anwachsenden Antisemitismus. Danach lebten die beiden freilich nur sporadisch zusammen, und ihre Ehe endete im Herbst 1935. Die letzte Passage in Heinrichs selbstgeschriebenem Lebenslauf lautet: «Mit der Übernahme der Macht durch Hitler, die die Existenzen von Tausenden meiner Kollegen aus sog. rassischen Gründen ruinierte, stellte ich meinerseits jede Erwerbstätigkeit ein ... Ich blieb noch bis Ende 1933 in Deutschland, um den Opfern so weit wie möglich zu assistieren – was mir als einem Nicht-Juden möglich war.»

Heinrich Blücher ging, eine weitere Parallelität des Schicksals mit Hannah Arendt, um die Jahreswende 1933 / 1934 aus Berlin «über Prag nach Paris». Angekommen in der französischen Hauptstadt, erlebte er diese geradezu als eine Schule der Demokratie. Er habe «dort bis 1940 gelebt. Für einen Deutschen, der echte Grundlagen für Demokratie und Republik in Deutschland nie hatte finden können, war ... das Leben in einer demokratischen Atmosphäre aufschlußreich und wichtig genug.» Viel spricht dafür, daß es die gleiche Organisation gewesen sein muß, die nicht nur Hannah Arendt, sondern auch ihrem späteren Mann half, Deutschland zu verlassen. Prag jedenfalls bildet in diesen Tagen so etwas wie eine obligatorische Station in der Vita emigrierter deutscher Intellektueller und Schriftsteller. Paris seinerseits stellte die Hauptstadt der politisch-literarischen Emigration seit den Tagen Heinrich Heines dar.

Liebe in Paris

Die französische Hauptstadt gab in jenen Tagen einen «Wartesaal» ab, so der Titel der bekannten Roman-Trilogie Lion Feuchtwangers, in dem sich zwischen 1933 und 1939 ungefähr 55 000 Flüchtlinge aus ganz Deutschland drängten. Paris und sein Hotel «Lutetia», in dem Hannah Arendt nach dem Zweiten Weltkrieg regelmäßig absteigen wird, stellten über Jahre die Sammelstelle der linken antifaschistischen Opposition dar, mit Heinrich Mann als Galionsfigur. Die hier Versammelten betrachteten sich nahezu als eine deutsche Exilregierung. Im Hotel «Lutetia» spielte sich vom August 1936 an auch das Scheitern der «Volksfront» zwischen deutschen Kommunisten und Sozialdemokraten ab. Die Nachricht von den Moskauer Schauprozessen gegen mehrere alte Mitarbeiter Lenins erreichten Paris und bereiteten schließlich den Bruch vor. Die Ereignisse waren Tagesgespräch in den Kreisen politisch Interessierter. Zu dieser Zeit hatten Heinrich und Hannah gerade zueinandergefunden. Tatsächlich markierten Stalins Terror-Prozesse gegen Sinowjew, Kamenew und andere zeitlich den Beginn ihres Zusammenlebens und lieferten Anstöße zu einem gemeinsamen Nachdenken über den Totalitarismus. Als dann die «Volksfront» im gleichen Hotel am 20. September 1938 offiziell zu Grabe getragen wurde, bildeten die beiden bereits ein festes Paar.

Ab 1934 also bewohnten beide die gleiche Stadt. Wie Hannah Arendt diese Stadt erlebt hat, läßt sich aus ihrem Essay über ihren Freund Walter Benjamin rekonstruieren, jenen deutsch-jüdischen Kulturphilosophen und Literaturwissenschaftler, der unter den damaligen Emigranten durch seine Französisch- und Paris-Kenntnisse einer der kompetentesten war. Wenn die Autorin betont, daß Paris den frankophilen Benjamin eigentlich nicht so empfangen hätte, wie es ihm gebührte, so gilt das auch für Blücher und sie selbst. Beide stießen ebenfalls auf die «ausgesprochene Fremdenfeindlichkeit der Bewohner» und die «ausgeklügelten Schikanen der einheimischen Fremdenpolizei». Dennoch: «... die Stadt selbst macht alles wieder wett ... Diese Stadt, um die man an den alten Toren vorbei im Kreis herum fahren kann, ist immer noch, was die ... Städte des Mittelalters einmal waren – ein Innenraum ... Und wie man eine Wohnung nicht dadurch bewohnt und wohnlich macht, daß man sie benutzt – zum Schlafen, Essen, Arbeiten –, sondern dadurch, daß man sich in ihr aufhält, so bewohnt man eine Stadt dadurch, daß man es sich leistet, ziel- und zwecklos durch sie zu fla-

Hannah Arendt um 1933. Sie schreibt an ihrer Habilitationsschrift über Rahel Varnhagen.

nieren, wobei der Aufenthalt durch die zahllosen Cafés gesichert ist, welche die Straßen flankieren ...» Hannah Arendt und Heinrich Blücher haben die Wahrheit dieser Sätze in den Jahren zwischen 1933 bis 1939 in den Straßen von Paris flanierend erfahren; sie haben sie unter Beweis gestellt, indem sie diese Stadt, den Ort ihrer ersten Emigration, zum Erfüllungsraum einer außerordentlichen Liebe machten.

Trotz der immensen Zahl von Flüchtlingen gehörten beide damals einer relativ begrenzten sozialen Gruppe an. Daß sie einander in den ersten zwei Jahren nicht begegnet sind, ist dennoch nicht erstaunlich, bedenkt man die ideologische Feindschaft, wie sie zwischen den politischen Fraktionen, so auch zwischen den Kommunisten und den Zionisten, herrschte. Zudem lebte Hannah in Paris noch eine Zeitlang lose mit Günther Stern zusammen und hieß immer noch: Hannah Stern. Freilich, der «eheliche Verkehr», wie das Scheidungsurteil von 1937 es mit dem Charme der Amtssprache formulierte, hatte bereits 1933 geendet.

Heinrich, seinerseits, führte eine ganz ähnliche Ehe. Hannah und er bewegten sich durch gemeinsame Bekannte sozusagen schrittweise aufeinander zu. Günther Stern, ihr Nochehemann, der in Paris kaum Verdienstmöglichkeiten finden konnte und an seinem monumentalen Romanprojekt «Molussische Katatonie» eher hoffnungslos arbeitete, machte Hannah eines Tages mit Arnold Zweig und Bertolt Brecht bekannt. Die beiden saßen, zusammen mit dem bereits erwähnten Walter Benjamin, in einem Café in der Rue Soufflot. Brecht wie Zweig unterhielten Kontakte zu den Kreisen, in denen Heinrich verkehrte.

Hannah wie Heinrich hatten anfangs nur geringe Möglichkeiten, ihren Lebensunterhalt zu verdienen. Man irrte von Hotel zu Hotel, von Pension zu Pension, suchte tagsüber Arbeit. Arendt erhielt sie bald, ermöglicht durch Glück und Frechheit (hatte sie doch mit blanker Stirn Bürokenntnisse behauptet, die sie allenfalls vom Hörensagen kannte). Es handelte sich um die Stelle einer Sekretärin bei einer zionistischen französischen Organisation, die junge Palästina-Immigranten handwerklich und landwirtschaftlich ausbildete. Heinrich schlug sich mit Unterrichtstätigkeit durch. Er notierte rückblickend: «Gute Beziehungen gaben die Möglichkeit, durch historische, kunstgeschichtliche und philosophische Kurse einen bescheidenen Lebensunterhalt zu verdienen.» Arendt nahm daneben Hebräischunterricht. Sie wolle «ihr Volk kennenlernen», sagte sie zu Chanan Klenbort, einem Ostjuden, der ihn ihr erteilte. Sie lernte ihr Volk kennen, sogar in einer ihr bislang unbekannten sozialen Dimension. Die Königsbergerin fand nämlich eine – durchaus nicht unterbezahlte – Verdienstmöglichkeit bei einer Pariser Baronesse Germaine de Rothschild, als eine Art Privatsekretärin. In diesem Pariser Haus, und bei aller persönlichen Sympathie für die Baronesse, lernte Arendt jene Sorte des erfolgreichen Judentums kennen, die sie später, als den Gegentypus zum «warmen» selbstgewissen Paria, als den «kalten» und identitätsunsicheren Parvenu kennzeichnen wird.

Doch auch Heinrich erhielt Anschauungsunterricht. Widmete er sich doch einem, in eigenen Worten, «intensiven Studium der französischen Geschichte in ihren Zusammenhängen mit der deutschen und europäischen Geschichte». Nahm die Gelegenheit wahr, «das Weltbild eines Republikaners und Demokraten in Ordnung zu bringen». Das alles ging, man muß es sich vergegenwärtigen, in einer von Arbeitslosigkeit gebeutelten Metropole vor sich, deren Fremdenfeindlichkeit immer deutlicher ans Licht trat. Schließlich war nahezu eine halbe Million Franzosen im Großraum Paris ebenso arbeitslos wie die meisten Emigranten.

Französische Politik, deutsche Philosophie und komparatistische Literaturinteressen machten die beiden miteinander bekannt. Hannah wie Heinrich brachten ihre Erfahrungen in die gleiche Diskussiongruppe ein, der neben Walter

Heinrich Blücher, vermutlich um 1936 in Paris; wohlausgerüstet mit den Utensilien eines «skandinavischen Touristen»: in gutbürgerlich feinem Zwirn, mit vertrauensvollem Blick und der geliebten Pfeife.

Benjamin der Psychoanalytiker Fritz Fränkel, der Maler Karl Heidenreich, der Rechtsanwalt Erich Cohn-Bendit sowie Chanan Klenbort (der später Blüchers damalige Freundin Lotte Sempell heiraten wird) angehörten. Diese Gruppe traf sich zumeist in Benjamins Wohnung in der Rue Dombasle 10 und war durch ihre Spannung zwischen marxistischer Theorie, deutscher Philosophie und eigener jüdischer Prägung gekennzeichnet. Die Gruppendiskussionen führten Politik, Philosophie und Ästhetik zusammen. Für Hannah endete hier die alleinige Mentorschaft des Zionisten Blumenfeld. Für Heinrich bedeutete es zunehmenden Abstand von der orthodoxen KPD-Politik und deren Theorie – soweit überhaupt noch notwendig.

Heinrichs damalige Freundin war Lotte Sempell, die Tochter eines wohlhabenden Industriellen. Sie vermochte ihren Freund materiell zu unterstützen – wofür er sie im Gegenzug in seine sozialrevolutionäre Gedankenwelt einführte. Von Lotte Sempell stammt der Satz, daß Blücher damals so illegal existierte, daß er nicht immer recht wußte, wo er gerade wohnte. Doch ging dieser Mann aus, so achtete er darauf, daß sein Aussehen dem des Klassenfeindes glich. Blücher wünschte nämlich, einem – im Wortsinn – wohlbetuchten dänischen Touristen zu ähneln. Angetan mit einem Anzug aus erstklassigem Zwirn, ausgerüstet mit Schirm und Spazierstock, beschützt vom angenommenen Namen «Heinrich Larsen», flanierte der Deutsche durch Paris. Mit den Skandinaviern verband sich das Kennzeichen beruhigender politischer Neutralität; auch mochte ihr Französisch nicht allzusehr von dem eines Deutschen abweichen. Der stets solide gekleidete «Larsen» (den Hannah Arendt deshalb später «Monsieur» taufte) lebte, ungeachtet all seiner bourgeoisen Verkleidung, immer noch in einer revolutionären, marxistisch-anarchistischen Gedankenwelt. Dennoch hielt er seine bürgerliche Freundin Lotte vom romantisierenden Beitritt zur KPD ab. Blücher war im Tiefsten undogmatisch, und er vermochte sich in das Wohl des anderen einzufühlen. Neben dem Leben eines politisch Konspirativen führte er im wesentlichen das eines bürgerlichen Flaneurs.

Hannahs Existenz erschien demgegenüber wesentlich solider. Neben ihrem geschilderten Zwischenspiel im Hause Rothschild arbeitete sie bereits 1936 als Generalsekretärin der Pariser Zweigstelle der Youth Aliyah, der erwähnten Auswanderungsstelle für Palästina. Seit 1933 eingeschriebenes Mitglied der World Zionist Organisation warb die Königsbergerin in öffentlichen Vorträgen für ihre Sache. Sie verfügte also, als sie Heinrich kennenlernte, bereits über jene offiziellen Papiere, die für Arbeit und Aufenthalt notwendig waren. Die Ausnahmesituation als Routine; die Emigration als Büroarbeit; die Fremde als das schon allzu Vertraute? Hannah lebte jedenfalls legal in Paris, eine vielbeschäftigte Funktionärin für ihre jüdische Sache. Um so mehr vermochte sie der illegale Flaneur, der pfeiferauchende Anarchist im gutsitzenden Straßenanzug, der zudem die Vorzüge eines (wie immer selbsternannten) Philosophen und eines verläßlichen politischen Subjekts vereinte, zu beeindrucken. Ein deutscher Nichtintellektueller, mit dem man intellektuelle Gespräche führen konnte. Ein plebejischer Deutscher, der wesentlich aus humaner Parteinahme für Hitlers jüdische Opfer emigriert war. Last, but not least gehörte Heinrich zu jener Spezies deutscher Männer, für die Männlichkeit auch militärische Tugenden meinte. Es gilt als ausgemacht, daß Hannah Arendt niemand anderen als Blücher im Lebensgefährten der Rosa Luxemburg, Leo Jogiches, abkonterfeit hat. In Arendts Luxemburg-Essay stehen die folgenden Sätze: Jogiches erschien in Luxemburgs Augen «entschieden masculini generis, was für sie von großer Bedeutung war ... Er war entschieden ein Mann der Tat ... Diese Neigung für das Konspirative und die Gefahr muß ihm einen zusätzlichen erotischen Reiz verliehen haben». Auch Heinrichs Lust am Konspirativen war ausgeprägt. Auf deutschen Ausweispapieren soll er als Berufsbezeichnung schon einmal «Drahtzieher» angegeben haben. Arendts Essay fährt freilich auch fort: Leo Jogiches «war gewissermaßen ein Lenin *manqué*, einschließlich der Unfähigkeit zu schreiben». Diese Unfähigkeit zu schreiben kennzeichnete auch Blücher. Und dennoch: Erst seine Mitarbeit würde den späteren Durchbruch der Schriftstellerin Arendt, ihr Totalitarismus-Buch, möglich machen. Blücher besaß so gesehen vieles, was Günther Stern nicht hatte – obwohl, weil er ein «Goi» war?

Die gleiche erotisch-intellektuelle Faszination galt, wie es sein muß, auch umgekehrt. Im Frühjahr 1936 hörte Heinrich Blücher, Lotte Sempells Erinnerung zufolge, Hannah in einem ihrer öffentlichen Vorträge. Die Rednerin erweckte sofort sein Interesse – so entschieden, daß Lotte überzeugt war, diesmal habe es bei ihm «eingeschlagen». Doch wurden die beiden erst im Sommer 1936 näher miteinander bekannt. Hannah und Heinrich haben sich aber zwischenzeitlich immer wieder in der erwähnten Diskussionsgruppe gesehen – was die Annahme eines langsamen, eines wesentlich durch Diskussionen vermittelten Miteinanderbekanntwerdens nahelegt. Nicht unwahrscheinlich bei einer Beziehung, deren Basis im permanenten Diskurs und im mitunter scharf kontroversen Gespräch bestehen wird. Dann liegt hier ein erotischer Paradigmawechsel vor. Hannahs allzu schnell eingegangene Liebeleien nach dem Muster ihrer Beziehung zu Benno von Wiese in Heidelberg oder nach dem ihrer Blitzheirat mit Günther Stern gehörten der Vergangenheit an. Ferner: Hannah der Gruppe jener intellektuellen Frauen zuzurechnen, die laut Simone de Beauvoir mehr für das, was sie denken, als für ihr Aussehen geliebt zu werden wünschen, liegt nahe. Heinrich aber liebte sie mindestens ebenso für ihre Gedanken wie für die Schönheit ihrer Beine, die er besonders hervorhob.

Wer einen Denker kennen- und gar liebenlernen will, benötigt Zeit. Bei Licht besehen, widerspricht dem die Tatsache nicht, daß Hannah ihren Freunden erzählte, Heinrichs Werbung hätte lediglich einen Abend gedauert. Doch zu diesem Zeitpunkt hatten die beiden bereits manches liebe Mal mit- und gegeneinander diskutiert. Das geistige Terrain erschien vermessen. Bei der Werbung, die nur einen Abend dauerte, ging es darum, ob Heinrich anschließend über Nacht blieb. Schon zu Beginn von beider Zusammenleben, das nun schon bald einer Ehe glich, war – der Erinnerung von Hannahs sehr guter Freundin Anne Mendelssohn zufolge – wirklich und wahrhaftig «Leidenschaft» am Werk. Die drängte auf baldigen Vollzug – und hielt sich dennoch, ein Stück weit, an die Regeln bürgerlichen Anstands. Im Juni 1936, Günther Stern war soeben in die USA abgereist, speiste man in Arendts Wohnung gemeinsam zu Abend. Noch war Chanan Klenbort ebenfalls gebeten, den Anstand zu wahren. Spät in der Nacht erst verließ Hannahs Hebräischlehrer die Wohnung – und der bürgerlich verkleidete Anarchist aus Berlin widerstrebend mit ihm. Doch im Spätsommer des gleichen Jahres empfingen Hannah und Heinrich die Freunde bereits gemeinsam. Anne Mendelssohn Weil wurde von ihrer Freundin bei dieser Gelegenheit eröffnet, es sei doch so viel leichter, für zwei Personen zu kochen. Das mochte sich in der Tat so verhalten; traf aber in diesem Zusammenhang nicht das Wesentliche, auch wenn die Liebe durch den Magen gehen kann. Seit dem Hochsommer 1936 bestand also die Diskurs- und Lebensgemeinschaft zwischen Hannah und Heinrich. «Verheiratet» waren die beiden freilich deshalb noch nicht.

Briefhochzeit im Zeichen Goethes

Kaum vereinigt, wurden beide schon wieder getrennt: die Emigration als politische Büroarbeit. Im August 1936 reiste Hannah, in ihrer Eigenschaft als Leiterin des Pariser Zweigs der Aliyah, zur Gründung des Jüdischen Weltkongresses nach Genf. Aus diesem Anlaß resultieren die ersten Briefe des (1996 von Lotte Köhler herausgegebenen) umfänglichen Briefwechsels Arendt-Blücher (dem Rückgrat der folgenden Schilderung). Heinrich schrieb von allem Anfang an sozusagen mündlich. Ihm ging es weniger um Informationsaustausch als darum, die abwesende Geliebte zu unterhalten, sie auf diese Art bei sich zu haben, eine Fortsetzung des Gesprächs mit anderen Mitteln zu erzielen. Beider Beziehung lebte stets und entscheidend vom Gespräch. Dem Freund Peter Huber hat Heinrich erzählt: «Wir machen beide unsere Arbeit, und dann kommen wir zusammen, um zu diskutieren.» Viele haben die beiden als furioses Diskussions-Duo erlebt; zwei scheinbar spinnefeindliche Gedankenproduzenten, zwischen denen die Funken sprühten. Die Leidenschaft der Körper füreinander wurde in ihrem Fall nicht eigentlich ergänzt: Sie wurde vielmehr entfacht durch die Leidenschaft der Köpfe. Beides kam zusammen in der Stimme, die ja ein Organ der rationalen Argumentation ebenso ist wie eines der erotischen Verlockung – gemacht, nicht nur Gedanken auszutauschen, sondern auch, dem anderen Gedichte vorzusprechen. In Heinrichs erstem überlieferten Brief vom 5. August 1936 stand: «Liebste, ich … setze das Gespräch noch etwas fort, weil mir Deine Stimme noch im Ohr ist, und schicke Dir diesen Brief an die Bahn, damit er Dich … nach Genf begleite …» Vor diesem Hintergrund versteht es sich, daß die Möglichkeiten des Telefons, von den fünfziger Jahren an, so etwas wie eine neue Dimension in beider Verbindung hineinbringen würde.

Diesem Liebespaar gerieten seine Briefe nicht lediglich zum Mittler oder Medium, sondern zum Organ des Liebesspiels selbst. Auf Briefpapier entwickelte sich brennende Verliebtheit zum Versprechen lebenslanger Zugehörigkeit. Und sie stand im Zeichen der Bildung. Nicht die Familie, keine gesellschaftliche Reputation beförderte, wie zuvor im

Fall der Ehe mit Günther Stern, diese neue Verbindung – sondern die kulturelle Autorität des deutschen Klassikers und erotomanischen Dichters Johann Wolfgang Goethe (der schon für Lieben und Leben Rahel Varnhagens so wichtig gewesen war). Bereits Hannahs erste Abwesenheit, ihre Reise in die Schweiz, führte zu einer neuen Qualität der Verbindung. Als die Frau im August Paris verließ, war sie zwar Heinrich schon innig verbunden. Doch noch gab es erhebliche Zweifel. Ihre Reservatio mentalis in Liebesdingen, ein Rückbleibsel aus der Heidegger-Affäre, bestand fort. Der folgende Briefwechsel erst erbringt ihr Einverständnis zu fester, potentiell lebenslanger Bindung. Notabene der Briefwechsel mit einem Mann der Tat – der dennoch den sprichwörtlichen «rechten Ton» zu finden vermochte. Heinrichs frühe Liebesbriefe stellen, so betrachtet, die eigentliche schriftliche Leistung seines Lebens dar. Seine Briefe erscheinen warmherzig, voll von spontanem Witz, treten nur selten mit falschem, überhöhtem Anspruch auf. Zwar kein Skribent, war der Mann doch ein Briefeschreiber – vor allem, wenn es um die existentiellen Belange der Liebe ging.

Ende August des Jahres 1936 stand beider Entscheidung füreinander fest. Sie war im Zeichen des (deutschen) Gedichts, besonders von Goethes Liebeslyrik erfolgt. Verglichen mit der Verpflichtungskraft dieser «wilden» Briefheirat, erscheint beider spätere bürgerliche Eheschließung als bloße Formalität. Heinrich, der «Drahtzieher», wußte, wie man es angehen konnte. Schon sein erster Brief zitiert Goethes Lyrik. Bringt der Angeschriebenen eine Zeile aus dem Gedicht «Cupido, loser eigensinniger Knabe» zu Gehör, in der vom «Gerät» die Rede geht, das dem Briefschreiber «verschoben und verstellt» wurde – durch die Macht der Liebe. «Ja und nein. Nämlich richtiger gestellt und näher herangeschoben. Fast so, daß es sich freundlicher herzudrängt.» Der Briefschreiber verwies, indem er sich seines Schreibgeräts gekonnt bediente (es «drängte sich ja auch freundlich herzu»),

Hannah Arendt um 1935 in Paris. Eine vielbeschäftigte Funktionärin in ihrer jüdischen Sache, aktive Vortragsrednerin, leidenschaftliche Diskutantin.

Goethes Klage, wonach der Gott der Liebe, nur auf kurze Zeit geladen, sich schon bald im Haus störend breitzumachen pflegt, ins Reich der Fabel. Diskret lenkte Heinrich den Blick auf die gewünschte Dauerhaftigkeit der Gefühle. Eine fast poetisch anmutende Praxis. Hier wußte oder ahnte einer, was deutsche Gedichte im Gefühlskosmos der deutschen Jüdin Hannah Arendt bedeuteten: so etwas wie den Schlüssel zum Sein. Dieser Briefschreiber hatte zudem dem Papier Taten vorausgeschickt, hatte der Geliebten einen Band Goethescher Gedichte mit auf die Reise gegeben. Als Resonanzboden, den er zum Schwingen bringen wollte? Die Angeschriebene sollte aus ihrer Liebesresignation erlöst werden. Der Berliner setzte auf Goethe; im Verlauf von Heinrichs Liebesfeldzug löste der Weimarer Erotiker den schwäbisch-pietistischen Klassiker Schiller ab, der seinerseits Hannahs Königsberger Jugend bestimmt hatte.

Und dennoch: Ihr Brief vom nächsten Tag (beide schrieben einander nahezu täglich) brachte erst einmal eine Absage. Zwar nennt sie ihn neckisch «Du naseweiser, stupsnäsiger Lausejunge». (Später wird «Monsieur» immer konsequenter «Stups» genannt werden in Anspielung auf sein stupsnäsiges Profil.) Doch in der Sache verweigert sie sich. In der «durchfahrenen Nacht», im Zwiegespräch mit seinem Brief, war ihr «buchstäblich so, als ob mir einer die Haut vom Leibe gezogen hat». Dennoch weist sie ihn ab: «hätte ich Dich vor 10 Jahren getroffen – Aber inzwischen bin ich leider gezwungen worden, bis zu einem gewissen Grade aufzuhören, eine Frau zu sein. Und das tut mir leid für Dich» (Genf, 6. 8. 1936). Blücher hatte noch hoffnungsvoll mit «Dein Heinrich» unterzeichnet. Sie unterschrieb sich lediglich mit «H». Hannah stellte die politische Aufgabe über die privaten Sehnsüchte. Neben Politischem enthalten ihre Briefe vor allem Alltagsmitteilungen, ferner Äußerungen über Bekannte, Freunde und Verwandte.

Heinrich ging auf den Wechsel des Tons ein. Stellte die

hermeneutische Einfühlungsfähigkeit unter Beweis, dank der er sie schließlich erobern wird. Sein Antwortbrief erzählt, bis an die Grenze der Melodramatik ausführlich, seinen Alptraum von der Folterung eines Berliner Genossen. Das betonte politische Gemeinsamkeiten und setzte im Privaten erst einmal eine Zäsur. Doch der Brief vom 12. August nahm die Melodie des ersten auf, um sie zu einer Fanfare zu steigern. Der Briefschreiber mobilisiert nun die Erinnerung an gemeinsam verbrachte Nächte – wobei er, spätere Briefe machen dies noch klarer, die erreichte Höhe der erotischen Temperatur sich als Verdienst zurechnet. Heinrich beabsichtigt, mit einem «schönen ‹enormen Wind›» in ihre «Büsche», die wünscht er sich glühend, hineinzublasen – eben, um den Brand noch mehr anzufachen. Fährt dann direkter fort: «Bedaure mich nicht wegen der 10 Jahre usw. Ich weiß, was ich habe und was Du als Frau bist und weiter sein und weiter werden wirst ...» So sehr ist der Mann bei seinem Thema, daß er die Hoffnung äußert, «... liebe Dich» möge sich, irgendwie, doch auf «Heinrich» reimen. Der Reim wurde nicht akzeptiert. «H» unterstrich in ihrem Antwortschreiben, daß man «keine gemeinsame Welt haben werde». (Eine Anmerkung in diesem Zusammenhang: Arendts Buch «Vita Activa» wird das Kind als die gemeinsame Welt der Liebenden definieren. Stehen wir hier bereits vor Hannahs Anspruch auf Kinderlosigkeit?) Jedenfalls könne sie nicht mit ihm kommen auf seine träumerisch geplante Reise ans sonnige Mittelmeer. Sie habe Termine (Genf, 12. 8. 1936).

Doch Hannahs Haltung ändert sich schon eine Woche später (19. 8. 1936). Warum? Sie hatte doch weiter ihre Termine in Genf? Die Erklärung liegt wahrscheinlich darin, daß beider Briefrhythmus gestört wurde: Sie meinte, einen seiner Briefe nicht erhalten zu haben. Eine verstörende Verlusterfahrung. Machte sie dieser Frau schlagartig deutlich, was Heinrich und seine regelmäßigen Sprech-Briefe ihr doch eigentlich bedeuteten? Sie, die als Kind ihren Vater über-

Heinrich Blücher, ein Raucher wie Hannah auch, bis ans Lebensende.

raschend verloren hatte, benötigte «Kontinuität» in emotionalen Angelegenheiten – später geradezu ein Zauberwort in beider Beziehung, eine Kategorie, mit deren Hilfe sie selbst mit Heinrichs Seitensprüngen fertig werden würde. Vielleicht hatte der «Drahtzieher» auch bewußt einen Briefschreibtermin ausgelassen – er, der seinem letzten Schreiben ein Liebesgedicht beigelegt hatte, ein eigenes oder eines von Goethe. Das Poem ist leider nicht überliefert. Nach sieben Tagen Bedenkzeit, gewiß auch in der Sorge, sein Schweigen könne mit ihren Abweisungen zusammenhängen, begann auch sie in die gewünschte Melodie einzustimmen: «Liebster, ich glaub', ich liebe Dich. Im Ernst. Und sehe langsam, sehr langsam ein, daß es gegen Liebe keine Gründe geben sollte. Wenn ich nur nicht so verflucht gute Gründe hätte ...»

Ein Liebesgeständnis also, das dennoch mit einer Verweigerung endete. Das änderte sich wieder einen Tag später – änderte sich auf eine Weise, die zeigt, wie sehr die beiden in ihrer Liebeskommunikation auf die Lyrik Goethes geradezu fixiert erschienen. Ihr eher plaudernder Brief vom 20. August endete: «Der Postbote hat mir *nichts* gebracht. Also, Lieber, ich werde mal meine advocatus diaboli-Künste lassen und Dir ... genau explizieren, warum ich einen richtigen Brief brauche.» Dann aber folgen – als wortgetreues Zitat, nicht in freier Abweichung wie noch bei einem ihm früher zugesandten Brecht-Gedicht – Zeilen aus Goethes «West-östlichem Divan». Hannah bedient sich des Klassikers, um zu versichern, daß sie der Männer Blicke wohl kenne – um fortzufahren: «Aber, Hatem, deine Blicke / Geben erst dem Tage Glanz. / Denn sie sagen, DIE gefällt mir, / Wie mir sonst nichts mag gefallen.» Alles spricht dafür, daß das Zitat jenem Goethe-Band entstammte, den Heinrich ihr vorsorglich mit auf die Reise gegeben hatte.

Für den zum Hatem geadelten Heinrich Blücher veränderte sich die Welt. Der kommende 21. August sah in Paris einen sehr langen und sehr starken Brief entstehen, ein Dokument lebenslanger Verbindung und politisch-erotischer Leidenschaft. «Dein Brief kam gestern; ich kann wieder atmen und wie nun atmen; tief in mich hinein mich füllen mit Deiner Liebe ... Nun, da Du meine Frau bist, darf ich wohl so weich sein, Dir zu sagen, daß ich mich nach Dir sehne?»

Die geschilderte «Hochzeit» brachte zudem ein ziemlich einzigartiges zionistisches Glaubensbekenntnis von Heinrichs Seite zustande. Sein «Hochzeitsbrief» vom 21. August schildert die Verwandlung eines Golems, also einer «formlosen Masse», in einen weisen Rabbi. Der ist niemand anderes als der immer noch marxistisch überzeugte Heinrich selbst – der sein «Liebste, ich liebe Dich» nun in Form des «Liebster, ich liebe Dich» zurückerhalten hat. Der preußische «Goi» Blücher, überzeugt, sich «das beste ihrer Weiber» «geschnappt» zu haben, schreibt als Hannahs neubestallter viriler Beschützer «seinem jüdischen Weibe» einen «Brief über den jüdischen Krieg». Der Brief formuliert den Zusammenhang zwischen dem längst in die Krise geratenen Nationalstaat und dem neu aufgekommenen Antisemitismus, so eigenwillig wie luzide: «Der sterbende Nationalismus schickt sich mit Hilfe einer Spritze von Rassenwahn zu seiner mörderischen Euphorie an ... Die konkrete Folge ist, daß die Juden in der kapitalistischen Welt hingemordet werden, weil sie Juden sind. Das könnte ein wirkliches Volk aus ihnen schaffen.» Die Juden müßten sich, und dies schreibt Heinrich nieder mit Blick auf die damalige Aktualität des Spanischen Bürgerkriegs, mit der Linken verbünden. Sein welthistorischer Fahrplan lautet: Erst müßte «der Bolschew», dann könne der Messias kommen.

Dies alles freilich erscheint als geschichtsphilosophisches Rankenwerk, mißt man es am Kern des Anliegens. Der erhörte Blücher – schließlich meinte er vom preußischen Marschall gleichen Namens abzustammen und hatte in Berlin bei Hans Delbrück Militärwissenschaft studiert – definierte sich als «masculini generis». Der Philosoph und Anarchist verwandelte sich so unversehens, wie nur er das vermochte, in einen preußischen Krieger – um in dieser Gestalt die Belange der Juden wahrzunehmen. Berauscht von der Gewißheit immerwährender Liebe («Nun liegt der Schnaps nicht mehr auf Eis in Genf, sondern rinnt durch mein Geblüt»), empfiehlt er seiner Gefährtin, die «Lösung der Judenfrage» nicht in Verhandlungen mit der eigenen Bourgeoisie zu suchen, sondern revolutionär-kriegerisch. Hannah wird ihm, in ihren späteren Plädoyers für eine jüdische Armee, auf diesem Wege sogar ein Stück weit folgen. Wenn ein Volk sich gebären wolle, schrieb ein entfesselter Berliner aus Paris, müsse es die Freiheit umarmen. Den Juden fehle es, seit ihre heroischen Zeiten vorbei seien, am Beruf des Soldaten. Erst wenn «Arbeiter, Bauern und Kulis» rufen würden: «‹Die Juden an die Front!›, dann sind die Juden ein Volk geworden» – meinte «Dein Mann» Heinrich.

Hannahs Antwort auf diesen «richtigen Brief», sie hatte ihn sich gewünscht, fiel differenziert aus. Sie sah keinerlei Notwendigkeit, den Völkern das Heil zu bringen, sondern lediglich Anlaß zu nüchterner jüdischer Interessenpolitik. Daß sie «den Bolschew» nicht als den notwendigen Vorläufer des Messias gelten lassen mochte, das versteht sich. Die allzu preußische These vom notwendigen kriegerischen Stahlbad bog die Frau klug um. Die Königsberger Bürgerin führte sozusagen den Friedensphilosophen Kant gegen den Kriegstheoretiker Clausewitz ins Feld: «Wenn es sich um erobern handelt . . ., so scheint mir ein Feldzug gegen Sumpf, Malaria, Wüste und Steine, denn so sieht ja unser Gelobtes Land aus, auch ganz anerkennenswert.» Das freilich war nur der «Epistel erster Teil». Im zweiten bekennt sie, sie sei «stolz», ihm anzugehören. «Hätt' ich aller Wünsche Gewalt, DEINE H.» Hannah Arendt unterschrieb hier zum ersten Male mit dem Possessivpronomen, einem gesperrt geschriebenen. Gebrauchte die bekannte Zeile des alten deutschen Volkslieds zum Zeichen dafür, daß sie sich nun bei ihrem deutschen Mann Heinrich Blücher genauso angekommen fühlte, wie sie sich das einst bei Martin Heidegger gewünscht hatte.

Szenen einer jungen Ehe

Bis zum Kriegsausbruch im Jahr 1939 dominiert das Thema der Liebe den Briefwechsel. Darin immer wieder deutsche Verse. Goethes «Römische Elegien» kommen zum Klingen; man tauscht sich über die beiden Teile des «Faust» aus. Als Hannah Anfang 1937, nach einigen Monaten Pariser Zusammenlebens mit Heinrich in einem gemeinsam gemieteten Hotelzimmer in der Rue Servandoni, erneut in der Schweiz weilt, kann er schon anmahnen, bei Nichtschreiben drohe der erste große Krach «unserer Ehe» (19. 2. 1937). Hannah versichert ihrem «mari» daraufhin auf französisch, daß sie ihn aus ganzem Herzen und mit ganzem Körper liebe – die Seele spiele bei ihr keine Rolle, mangels Existenz (20. 2. 1937). Eine merk-würdige Aussage. Doch liegt Logik darin, daß Heinrich auf diese Mangelerklärung hin es unternimmt, in seinem Kunst-Brief vom 21. Februar im Geiste Heinrich Heines (und des Saint-Simonismus) ihr die Beseelung des liebenden Leibes selbst vor die Augen zu führen. Er denkt an ein Rembrandt-Gemälde von 1654: «Bathseba mit Brief von König David in der Hand». Heinrich, ganz erotischer Gourmet, erkannte: «Der Körper dieser Aphrodite … ist der wirkliche Körper einer reifen Frau, mit wahren Spuren einer stark zupackenden Liebe schon gezeichnet. Und gerade das, die Geschichte dieses Körpers, macht seine Schönheit aus und weckt die Sehnsucht nach so wohl benutztem Besitz.» Zwar sei hier die tatsächliche Frau Rembrandt abgebildet. Aber zugleich eine, die «die Toilette der Venus macht, um gleich nachher ihrem Mann Geliebte, Göttin, göttliche Geliebte und kunsterfahrene Hetäre zu sein – aber nur ihrem Mann, wohlverstanden.» Hierin erblickte Heinrich aber nicht nur eine verlockende Mischung aus «Tier und Göttin». Diese Venus aus Tizians Nachfolge sei wesentlich mehr: «der große Beitrag Rembrandts für die Befreiung der Frau; er macht sie zum Gefährten des Mannes, führt sie in die Geschichte ein ...»

Heinrich entzündete sich an diesem Gemälde ganz offensichtlich in der Erinnerung an genossene Freuden mit Hannah. Sein Brief spricht von der Beseeltheit des Fleisches, läßt jedenfalls keine Leerstelle, die «Seele» heißen müßte, offen. In diesem heineschen und, wenn man so will: pariserischen Tonfall schließt der Kunstbrief ab. «Du, Meine, weißt Du noch, daß ich der Mann bin, der das Lot hat, Deine Tiefen auszuloten ... Ich küsse Dich um und um ... ich will wieder in die Arme, zwischen die Beine, auf den Mund, auf die Brüste, in den Schoß meiner Frau» – das alles und nicht weniger verlangte damals «Dein Heinrich».

Ganz erstaunlich, auf welch üppigem erotischen Polster diese Beziehung zwischen zwei Denkern beruhte. Doch war nicht schon Augustin ein leidenschaftlicher Liebhaber seiner farbigen Venus gewesen, jedenfalls bevor er zum Bischof von Hippo wurde? Über den «Liebesbegriff bei Augustin» hatte Hannah Arendt ihre Dissertation geschrieben. Dennoch differenzierte die Königsbergerin Heinrichs Sicht. Sie deckte nämlich die Spuren des Politisch-Gewaltsamen im unschuldsvoll blühenden, scheinbar so rein erotischen Tableau auf. Hannah erinnerte ihren militärischen Heinrich daran, daß dort eine geschmückt werde, die König David zur Nacht befohlen habe – nachdem deren Mann von David an die Front gesandt worden war, ihn aus dem Weg zu schaffen. Hannah nahm den historisch-gesellschaftlichen Kontext des schönen Bildes ernst – ohne freilich dessen Strahlkraft als erotische Utopie verdunkeln zu wollen. Ihr Brief schloß: «Morgen Mittwoch: 22:30 gare de Lyon». Da würde man sich wieder in die Arme schließen können, in Paris.

Beider Briefe machen ein nicht unbedeutendes Kapitel erotischer Literatur aus. Markieren die Höhepunkte einer Leidenschaft, die man so bei zwei Philosophen in ihren Dreißigern nicht unbedingt vermuten würde. Sein Briefwechsel stellt das Paar Arendt–Blücher neben das wohl berühmteste philosophische Liebespaar dieses Jahrhunderts, neben Simone de Beauvoir und Jean-Paul Sartre. Arendts und Blüchers Briefe profitieren zweifellos davon, daß in ihnen ein begabter Erotiker anarchistischer Provenienz in der Jüdin Hannah Arendt auf eine traf, die der leibfeindlichen Tradition des Christentums (wieder ein Heine- und ein Paris-Thema!) wenig unterworfen gewesen war. Goethe statt Schiller, eine Dialektik von Körper und Geist statt einer Logik der Moral. Am Ende dieses intensivsten Zusammenseins der beiden stehen, kurz bevor sie 1939 getrennt werden und Paris verlassen müssen, denn auch Arendts berühmt gewordene Bekenntnissätze über Arbeit, Liebe und Geschlechtsidentität. «Sieh, Liebster, ich habe immer gewußt – schon als Gör – daß ich wirklich nur existieren kann in der Liebe … Und bei der Liebe der andern, die mich für kalt erklärten, dachte ich immer: habt ihr 'ne Ahnung … Immer noch scheint es mir unglaubhaft, daß ich beides habe kriegen können, die ‹große Liebe› und die Identität mit der eigenen Person. Und habe doch das eine erst, seit ich auch das andere habe» (18. 9. 1937).

In den Zusammenhang von Liebe, Arbeit und Identität paßt, daß Hannah sich damals freute, ihren «alten Namen wieder zu haben». Gewiß, das lag an ihrer Scheidung von Günther Stern am 26. August 1937. Dennoch besagte der Ausruf mehr. Die befreit Liebende erblickte sich zugleich als die befreit Produzierende. Sie wird alle ihre Bücher unter dem Signum «Arendt» veröffentlichen – wie immer sie sich im Privatleben nach ihren Männern benannt hat, egal, ob die nun Stern oder Blücher hießen. Heinrich hat den Tatbestand auf seine Weise damit verbuchen wollen, daß er sie «zum

Weib gemacht» habe – und sprang dabei womöglich zu kurz. Der Mann fuhr, wieder nach einem «Faust»-Zitat, fort: «Du bist mein, ich bin Dein und das so hin und wieder, in ewiger seliger Vermischung – bis wir uns in unserem Kinde überhaupt nicht mehr werden auseinanderhalten können» (19. 9. 1937).

«In unserem Kinde» – schrieb Heinrich Blücher. Die Tatsache, daß er es ist, der den Kinderwunsch erwähnte, die Formulierung wie der gesamte Kontext lassen aufhorchen. Entgegen der Fama, die beiden hätten kein Kind haben wollen wegen Heinrichs noch zu schildernder familiengeschichtlicher Belastung – steht hier sein klar formulierter Kinderwunsch, in gewisser Weise als Reaktion auf Hannahs Freude geäußert, ihren alten Namen – den Produktionsnamen! – wiederzubesitzen. Hannahs schriftstellerische Produktion wäre durch ein Kind gewiß in Mitleidenschaft gezogen worden. Wie unsicher die Zukunftsaussichten des Emigrantenpaares auch erschienen – es bleibt die Möglichkeit, daß es Hannah selbst war, die ihre in der Liebe zu Heinrich neugewonnene produktive Identität nicht durch ein Kind einzuschränken wünschte. Auch dann gliche beider Beziehung der von Simone de Beauvoir zu Sartre – als ein Archetyp für die Einschränkungen, unter denen eine Frau in diesem Jahrhundert ein schriftstellerisches Werk überhaupt zu erschaffen vermöchte.

«Lob des Herkommens» oder Erziehung im Geiste des deutschen Bildungsromans (1899–1929)

Manch ein Leben beginnt wie im Buche; erscheint von Anfang an im Buch festgehalten und insgesamt bestimmt von literarischen Mustern. «Wenn ich nicht überzeugt wäre, daß die Kindheit ein Vorspiel des ganzen Lebens ist und bis zu ihrem Abschlusse schon die Hauptzüge der menschlichen Zerwürfnisse im Kleinen abspiegele ..., so würde ich mich nicht so weitläufig mit den kleinen Dingen jener Zeit beschäftigen.» Auf diese Weise, in unüberhörbar Goethischer Ausformung sogar des Satzstils, begann Gottfried Keller seinen Bildungsroman «Der grüne Heinrich». Überschrieben ist das Kapitel mit «Lob des Herkommens».

Auch das Herkommen von Hannah Arendt und Heinrich Blücher stammte noch ein Stück weit aus dem 19. Jahrhundert. Vor allem Hannah lobte es deshalb lebhaft. Nur, bei ihr war es die Herkunft aus einer Familie, während Heinrich eher aus einer ganzen Stadt kam. Kellers Roman gilt als hervorragendes (womöglich «letztes») Zeugnis des famosen deutschen «Entwicklungs- und Bildungsromans». Daß an dieses Muster noch bürgerliche Menschen des ausgehenden 19. Jahrhunderts glauben konnten, zeigt ein Blick auf Hannahs Kindheit. Sie stand unter der verbindlichen Überzeugung von der persönlichkeitsentwickelnden Prägekraft der (bürgerlichen) Kindheit, wie sie für das individualistische und bildungsgläubige 19. Jahrhundert so kennzeichnend war. Daß der Tatbestand auch, vielleicht sogar gerade, für die Kreise des jüdischen Bürgertums im Kaiserreich galt, zeigt der Blick in diese Kindheit ebenfalls. Schließlich hatte das deutsche Judentum sich seit Moses Mendelssohn ganz besonders intensiv an den Werken der Lessing, Goethe und Schiller orientiert und kulturell wie sprachlich assimiliert: Man denke nur, wie gesagt, an Rahel Varnhagen.

Wenn zwei Angehörige verschiedener sozialer Schichten zu einem exemplarischen Paar zusammenwachsen, und zwar, siehe oben, überwiegend im Zeichen der deutschen Literatur, so kann das mit ihrer kulturellen Sozialisation zusammenhängen. Wenn dann die Partner sich auch noch eine gegenseitige Garantie zur dauernden Entwicklung der Persönlichkeit ausstellen, hat man vollends ein Denkmuster der Weimarer Klassik vor sich. Gegen Ende seines Lebens, in seiner letzten Vorlesung aus dem Jahre 1968, hat Heinrich Blücher nichts anderes getan. Und zwar als Erwiderung auf eine Hommage, die seine Partnerin zuvor im Rahmen ihrer Vorlesungen an der New School auf ihn gehalten hatte. Hannah stellte Heinrich als eine für sein Jahrhundert exemplarische Persönlichkeit vor; Heinrich verwies darauf, daß der Sinn liebender Gemeinsamkeit in lebenslanger gegenseitiger Entwicklungsstimulanz bestünde, in der gegenseitigen Förderung von «Bildung». Zwei eher «altmodische» deutsche Menschen im Zentrum der Moderne, in New York?

Die deutsche Jüdin Hannah Arendt wurde jedenfalls nach den Maximen des deutschen «Entwicklungs- und Bildungsromans» erzogen – eine Assimilationsmaßnahme von seiten ihrer jüdischen, doch durchweg deutsch-bürgerlich fühlenden Familie. Die Maximen der deutschen Klassik fungierten als Entreebillett in den deutschen Sprach- und Kulturraum. In diesem Geist hat die Mutter Martha Arendt die Entwicklung des Kindes in einem eigens dazu angelegten Entwicklungstagebuch festgehalten. 1906 begonnen, enthält es wechselweise Eintragungen von Vater und Mutter zu den Fortschritten des Kindes. Beide (der Vater, ein Ingenieur, wird freilich früh, lange vor Abschluß des Erziehungstagebuchs, sterben) erzogen die Kinder erfüllt vom menschenbildnerischen Geist der Weimarer Klassik und deren Humanitätsanbetung.

Die andere Seite der später gemeinsamen Sache sah sehr gegensätzlich aus. Über Heinrich Blücher und seine (nichtjüdische) Berliner Familie ist ähnliches nicht zu vermelden. Blüchers Vater starb bei einem Fabrikunfall. Die Mutter mußte ihn allein großziehen. Seine vaterlose Jugend teilte der Berliner auf diese Weise allerdings mit seiner späteren Gefährtin (und er teilte sie übrigens auch mit Kellers selbstbiographischem Helden, dem ewig grünen Heinrich). Doch Blücher stammte aus der Anonymität des Berliner Proletariats. Weshalb er seinen selbstverfaßten Lebenslauf mit den Sätzen einleitete: «Auch ein durchschnittlicher Lebenslauf kann ... von Interesse werden, unter zwei Bedingungen: erstens, daß das Leben bewußt als durchschnittliches geführt wurde, das heißt, getrieben war von der ständigen Neugier, die durchschnittlichen Verhältnisse, Menschen und Umstände der Zeit und des Landes, genau kennen zu lernen; und zweitens: daß das Leben zufällig in eine Zeit fällt, in der die durchschnittlichen Menschen von großen Umwandlungen bis in ihre einfachen Lebensbedingungen hinein betroffen werden.»

Selbst in solchen Sätzen scheint die klassisch-deutsche Persönlichkeitsemphase noch durch, in ihrer Negation gewissermaßen. Denn der dies schrieb, war durch und durch stolz auf die autodidaktische Leistung bei der Ausbildung seiner Persönlichkeit. Sie ließ ihn am Ende zum Philosophieprofessor am Bard College werden, in Amerika als dem Land der unbegrenzten Möglichkeiten. Nicht zufällig sah Blücher die «ständige Neugier» auf Neues als den Motor seines Lebens an: ein faustisch Bewegter aus dem Berliner Proletariat. Und daß sein Lebenslauf ungewöhnlich war, wußte niemand besser als er, der ihn in neuenglischem Understatement zu einem «durchschnittlichen» deklarierte – vielleicht so, wie

Heinrich Blüchers großes Vorbild Sokrates die Philosophie zur Sache aller, und gerade der «durchschnittlichen» Menschen, erklärt hatte.

Berlin und Königsberg

Vermag man in Hannah Arendt das Kind einer Bürgerfamilie aus der ostpreußischen Handels- und Verwaltungsstadt Königsberg zu sehen, so steht Heinrich Blücher bereits als ein Geschöpf der modernen Großstadt Berlin vor uns. Gegensätze prägen das Bild. Zwar sah man von Königsberg aus, nach dem Ersten Weltkrieg durch den «polnischen Korridor» vom «Reich» getrennt, in der Hauptstadt Berlin das politisch-kulturelle Zentrum. «Berlin war ein Vorort von Königsberg, und Hamburg konnte ich mir auch vorstellen. Aber süddeutsche Städte, traditionsbelastet wie sie in meiner Vorstellung waren, sah ich nur als Idylle und Romantik», schrieb der Königsberger Bürger Max Fürst. Max Fürst war ebenfalls Abkömmling einer Königsberger jüdisch-deutschen Familie, ein Generationsgenosse Arendts zudem, der sie bereits als Kind kennengelernt hatte. Seine Lebenserinnerungen «Gefillte Fisch» vergegenwärtigen das damalige Königsberg samt seinem deutsch-jüdischen Milieu auf eine so authentische wie anschauliche Weise.

Allerdings verstand sich das traditionsbewußte Königsberg, die Krönungsstadt des alten Preußen, keineswegs als ein Vorort Berlins. Und das Bürgerkind Hannah Arendt wird später gerade in die süddeutschen Städte gehen wollen, um «Idylle und Romantik» an diesen abgeschiedenen Stätten deutschen Denkens zu erfahren. Man kann diese Frau nicht als den Abkömmling einer großstädtischen Moderne begreifen – einer Modernitätsverfallenheit, die damals in Deutschland ja nur in der Reichshauptstadt Berlin zu finden war. Heinrich Blücher dagegen entstammte dieser modernen Urbanität – aber teilweise wider Willen. Zwar hat der Mann sich in seinem selbstgeschriebenen Lebenslauf zum Mitglied einer «alten Potsdamer Familie, deren letzte Nachkommen sich verarmt nach Berlin in die Verborgenheit der Groß-Stadt geflüchtet hatten», bestimmt. Doch womöglich ist hierin (die «alte Potsdamer Familie») eine – im gewissen Sinne selbst berlinerische – Mythomanie im Spiel, in der die Bildung poetischer Legenden über die krude historische Wahrheit gesetzt wurde? Denn allen wiederholt geäußerten Hinweisen Heinrichs darauf, daß sein Familienname mit dem des berühmten preußischen Militärstrategen und Feldmarschalls Fürst Gebhard Leberecht von Blücher übereinstimmte, zum Trotz – es darf wohl als sicher gelten, daß es lediglich Namensgleichheit und militärische Neigung waren, die Heinrich mit dem Strategen verbanden. Sigmund Freud hat an bestimmten, gern vaterlosen Patienten die Neigung festgestellt, sich in einem phantasierend hergestellten «Familienroman» eine respektable, gern adlige Herkunft zusammenzuträumen.

Wirklich unbezweifelbar erscheint lediglich Heinrichs Prägung durch seine Geburtsstadt Berlin. Diese atemlos anwachsende Stadt, in ihrem Sichseparieren vom platten märkischen Land der Umgebung, in ihrer Besonderheit als die quirlige und bescheidwisserische «Groß-Stadt», zu der sie während der letzten Jahrzehnte des 19. Jahrhunderts geworden war, stellte die wahre Wiege für Heinrichs Gesprächsbegabung dar. Wenn Sokrates der Philosoph des Athener Straßenlebens und nicht, wie später Plato, der Akademie gewesen ist, so wurde Blücher der Philosoph seiner Herkunft. Ein archetypischer Berliner: Viele seiner Kollegen und Schüler am Bard College sahen ihn so, als einen kosmopolitischen Kopf. Eugenio Villicana schrieb in der Zeitschrift des Bard College vom März 1960 darüber: Blücher sei ihm als eine Inkarnation des Großstädtisch-Europäischen schlechthin erschienen. Es sei «the Berliner alone of the Germans that can encompass Europe ...» Blücher also als der Berliner schlechthin, eine Verkörperung des Genius loci, wie er diese Stadt zu seinen Geburtszeiten dominierte? Blüchers Persönlichkeit ein Sammelbecken, das die aus ganz Europa in Berlin zusammenlaufenden Kulturströmungen, all den Skeptizismus und Enthusiasmus und alle Kunst-Moden, die über die Stadt in Wellen hereinzubrechen pflegten, aufgefangen und in sich bewahrt hatte? Eugenio Villicana sah Blücher so.

Kurz vor der Jahrhundertwende, zu Heinrichs Geburtszeit, hatte jedenfalls das urbane Selbstbewußtsein der Berliner allen Anlaß, einen Quantensprung zu vollziehen. Die Stadt verzeichnete einen enormen Zuwachs an Bevölkerung. Innerhalb ihrer Grenzen lebten bereits 1,8 Millionen Einwohner. Nahm man die Stadt Rixdorf dazu und auch noch das selbständige Charlottenburg nebst Halensee, Grunewald und Westend, weiterhin Wilmersdorf und Schöneberg, lauter Objekte bevorstehender Eingemeindungen, kam man auf fast drei Millionen Einwohner. Dazu gesellten sich noch die rund hunderttausend Soldaten der in und um Berlin stationierten Regimenter, vornehmlich Infanterie und Kavallerie, zur kaiserlichen Garde gehörig. Die dynamisch ansteigenden Bedürfnisse von Handel und Industrie hatten zudem die Stadt zum Verkehrsknotenpunkt des Reiches gemacht. In Berlin kamen zwölf Eisenbahnlinien zusammen. Berlin verfügte über zehn Fernbahnhöfe. Berlin vermochte sich damals bereits eine «Weltstadt» zu nennen – und war eine solche «Weltstadt» auch nach innen. Sein Schlesischer Bahnhof verband schon die westlichen Stadtteile inklusive Charlottenburg durch die Stadtbahn. Seit 1891 gab es die Wannseebahn, die den Vorortverkehr nach Potsdam besorgte. Eine Ringbahn verband, in einer Länge von insgesamt 68 Kilometern, die Vororte miteinander: Gesundbrunnen und Rummelsburg, Tempelhof und Friedenau, Westend und Jungfernheide und wie sie alle hießen. Seit 1896 befand sich die elektrisch betriebene Hoch- und Untergrundbahn im Bau. Die ersten elektrisch betriebenen Stadtbahnzüge gingen bereits nach Zehlendorf und Lichterfelde. In der City selbst hatte die «Elektrische» die Pferdebahnen und Pferdeomnibusse weitgehend verdrängt.

Weltstadt Berlin also: 1898, im Jahr vor Heinrichs Geburt, wuchsen die Autozulassungen im Großberliner Gebiet dramatisch, initiiert durch Wilhelms II. demonstrativen Gebrauch seines Daimler-Automobils. Als Heinrich zur Welt kam, existierten bereits die ersten «Kraftdroschken» und «Kraftlastwagen». Berlin stellte sich als das größte Industriezentrum des Kontinents – und folglich in allererster Linie als eine Arbeiterstadt – dar. 1895 waren knapp über 50 Prozent aller Erwerbstätigen in Industrie, Gewerbe und Bauwesen beschäftigt. Es war diese Dynamik der Stadt, Hand in Hand mit der verbreiteten Lebensnot im Industriezeitalter, die jene Mobilität erzwang, die auch Heinrichs Familie in die Metropole Berlin geführt hatte. Heinrichs «Beschreibung eines durchschnittlichen Lebens» fährt fort: «Da mein Vater wenige Monate vor meiner Geburt tödlich verunglückte, gab mir ein wohlhabend gebliebener Verwandter die Gelegenheit, meine Kinderjahre zum Teil auf seinem Landgute zuzubringen.» Auch wenn dieses Landgut nur ein größerer Bauernhof gewesen sein sollte: Das Zusammentreffen der funkelnden, lärmenden Großstadt mit dem nüchternen, märkischen Bauernland geriet dem Selbstbiographen zum Ursprung des ihm schon bald eigenen anarchischen Revolutionsgeistes. Wurde ihm auch zur Quelle für sein besonderes Interesse am Leben und an den Meinungen von Menschen aus allen sozialen Schichten. Wurde ihm Antrieb zum Philosophieren im Sinn einer politisch akzentuierten Lebensphilosophie – wie er sie später mit Hannah betreiben sollte. In seinen Erinnerungen liest man: «Meine Jugend war also geteilt zwischen der Großstadt Berlin, die bis zum Ausbruch des ersten Weltkriegs eine Periode mächtig steigenden

Machtbewußtseins durchlebte, und dem flachen Lande, das mit steigendem Maß auf diesen ‹Wasserkopf des Reiches› Berlins blickte. Der parvenuhafte Leichtsinn der wilhelminischen Ära in Berlin einerseits, und das dumpfe Mißtrauen und Unverständnis der Landbevölkerung andrerseits, waren … starke Kindheitseindrücke …»

Hannah Arendts jüdische Familie hatte, irgendwann im 18. Jahrhundert aus dem Osten kommend, in Königsberg einen Ort aufgesucht, der durch die preußische Aufklärung sozial so befriedet sein sollte, daß man dort seßhaft werden und selbst Traditionen begründen konnte. Dieses Königsberg, zu beiden Seiten des Pregels, runde sieben Kilometer vor dem Eintritt dieses Flusses in das Frische Haff gelegen, gab seit alters eine Handels- und Hafenstadt ab, später auch das geistige Zentrum des preußisch-deutschen Ostens. 1255 als eine Burg des Deutschen Ordens erbaut, um die herum sich dann die bürgerlichen Wohnzentren Altstadt, Löbenicht und Kneiphof zentrierten, wurde dem Ort am Ausgang des 13. Jahrhunderts das Stadtrecht verliehen. 1544 gründete Herzog Albrecht die Universität. Es folgten bedeutende Bibliotheken, Handels- und Kunstakademien, ein Konservatorium, schließlich das Theater und die Museen. Königsberg wurde zur Hauptstadt Ostpreußens. Doch verglichen mit der quecksilbrigen Metropole Berlin, war die Stadt an der Ostsee auch noch zu Beginn des 20. Jahrhunderts ein konservativer und schwerblütiger mittelgroßer Ort, abseits im Nordosten des Reichs an der Ostsee gelegen, die mit ihren behäbig langen Wellen den Bernstein auf die Strände spülte.

Der Winter pflegte in dieser Stadt lang und hart auszufallen. Hannahs Schulwege führten monatelang durch Schneegebirge. Zum Mittagessen um halb zwei mußte im Winter das Licht in den Bürgerhäusern bereits brennen. Das Frühjahr näherte sich zögernd, mit enervierenden Rückschlägen vor allem für die ungeduldig wartenden Kinder. Bis in den

April hinein konnte Schnee fallen – und liegenbleiben. «Schlagschnee» hieß der. Noch in New York, wo harte und lange Winter ebenfalls nicht selten sind, erinnerte sich Hannah Arendt daran. Wenn aber der «Schlagschnee» endlich verschwunden war, setzte das Frühjahr sich durch mit nordischer Heftigkeit – quasi über Nacht, ganz so wie in Knut Hamsuns nordnorwegischer Erzählung «Pan». Dann erschienen die Menschen wie ausgewechselt, erinnerte sich Hannahs Generationskamerad Max Fürst. Bald schon konnte man an den weiß-rot gestreiften Markisen der Geschäfte vorbei in leichter Sommerkleidung ausgelassen zur Schule gehen. Der nachfolgende Sommer bot den unvergeßlichen Geruch frisch gesprengter Straßen. Bot ferner den Duft von Calmus und Schilf, vor den Türen ausgelegt wie sonst nur in Cranz, dem sommerlichen Badeort an der Baltischen See. Anders als das bewegungsbesessene Berlin war Königsberg vor dem Weltkrieg immer noch die Stadt der «gestärkten Servierschürzen, der Kurkonzerte im Tiergarten, der Reisen nach Cranz in den Sommerferien und der großen Illuminationen an Kaisers Geburtstag» – so erneut die Aufzeichnungen von Max Fürst. Mit solchen Erinnerungen rüstete diese Stadt ihre Heranwachsenden aus; solche Eindrücke hat Hannah Arendt von Königsberg als ihrer eigentlichen Heimatstadt vermittelt bekommen.

Die Besonderheit der Stadt läßt sich vielleicht am angemessensten mit jenen Wendungen beschreiben, die Immanuel Kant für sie gefunden hat. In seiner «Anthropologie in pragmatischer Hinsicht» schrieb der Philosoph: «Eine große Stadt … die eine Universität (zur Kultur der Wissenschaften) und dabei noch die Lage zum Seehandel hat, welche durch Flüsse aus dem Innern des Landes sowohl, als auch mit angrenzenden entlegenen Ländern von verschiedenen Sprachen und Sitten, einen Verkehr begünstigt, – eine solche Stadt, wie etwa Königsberg am Pregelflusse, kann schon für einen schicklichen Platz zur Erweiterung sowohl der Menschenkenntnis als auch der Weltkenntnis genommen werden.» Allerdings, der Philosoph, dessen weltkluge Texte das Bürgerskind Arendt bereits mit 14 Jahren lesen wird, hat seine Heimatstadt nie verlassen. Weshalb er hinzufügen mußte: Königsberg sei der Ort, «wo diese (Weltkenntnis) auch ohne zu reisen, erworben werden kann».

Das mochte so sein. Die Kantianerin Arendt wird freilich viel reisen, ihre Weltkenntnis zu komplettieren. In jedem Fall hat Kant (und, wie noch darzustellen sein wird, auch das Marzipan als eine andere Königsberger Spezialität, aufbewahrt in den Lagerhäusern der mütterlichen Familie) für Hannah Arendt wie für Max Fürst die Königsberger Jugend geprägt. Letzterer erinnert sich: «Vom Fenster sah man über zwei Hinterhöfe hinüber zu den Häusern der Prinzessenstraße ... dort soll Immanuel Kant gewohnt haben. Das ist glaubhaft, weil sich Kant schon damals darüber beklagt haben soll, daß die Wachablösung immer mit Knüppelmusik durchgezogen kam ... Dort lag die Konditorei Gelhaar, ... die das beste Königsberger Marzipan buk.» Zudem lag die Stadt an der Ostsee, auch das eine Attraktion für Heranwachsende. Hannah Arendt wird, in den sechziger Jahren und inmitten des New Yorker Großstadtlebens, dem aus Mecklenburg stammenden deutschen Schriftsteller Uwe Johnson davon erzählen, wie sie einst als Kind in den Booten der Königsberger Fischer nachts auf das Haff hinausgefahren war. Max Fürst hatte ähnliches erlebt: «Die Frauen konnten an den aufgesetzten Flicken die Segel von weither erkennen ... Wenn die Boote auf dem Sand knirschten nach dem kritischen Augenblick ... mußte man zur Hand gehen und Netze und andere Gebrauchsgegenstände in Empfang nehmen. Große Fische wie Dorsche, Flundern und Steinbutte waren schon ausgenommen und wurden in Kästen und Eimern an Land getragen. Die großen Fänge gab es meist erst im Herbst.»

Exkursionen wie diese stellten sich in Arendts Fall eher als

Erfahrungen mit der Landschaft und mit der See denn als solche mit «dem Volke» oder gar mit dem Proletariat dar. Hannahs Kindheits- und Jugenderfahrung unterlief die bürgerliche Sphäre nirgends. Max Fürst, weniger bürgerlich beschützt als seine Generationsgenossin, brachte dagegen auch das proletarische Königsberg in seine Erfahrung. Es bestand damals aus erbärmlichen Arbeiterwohnungen und unheimlich dunklen, noch immer halb ländlichen Arbeitsbedingungen. «Eine gruselig schöne Sache in den halb dunklen Ställen, wenn Vater Stoll, der immer nach Bier roch, einen Humpen nahm und trotz Helenes Protest auf den glatten Pferderücken setzte, während der lange Pferdekopf in der Futterkrippe schnaubte.» Vater Stoll stand dem Landarbeiter noch näher als dem städtischen Proletarier. Anders als Berlin war eben die Stadt an der Ostsee keineswegs eine moderne Metropole. «Was war auch Königsberg für ein Dorf gegen Berlin. Dieses Meer von einer Stadt ... Berlin war selbst Landschaft mit Kanälen, Straßen, endlosen Schluchten zwischen Häusern, die Schächte der Untergrundbahn, die Dämme, die eisernen Rippen der Hochbahn», so noch einmal Max Fürst.

Berliner Zustände

Der Berliner Heinrich Blücher steht bereits als ein Erzeugnis explodierender Urbanität vor uns. Er selbst war schon Teil jener modernen Massengesellschaft, deren totalitäre Metamorphosen das Arendt/Blüchersche Jahrhundert ausmachen würden. Hannah gewann ihre Wertmaßstäbe zur Einschätzung und Analyse des 20. Jahrhunderts eigentlich noch aus dem bürgerlich-individualistischen und konservativen 19. Jahrhundert. Heinrich dagegen besaß die Einsicht in die Belanglosigkeit eines Einzelschicksals, dem allenfalls die Außergewöhnlichkeit der Zeitläufte Bedeutung verleihen könnte. Wenn man so will: Beides zusammengelegt wird dann die säkulare Leistung Arendts/Blüchers möglich machen – jene epochemachende, gemeinsam erarbeitete Analyse des Totalitarismus als eines Gesellschaftssystems, das nicht nur die aus dem bürgerlichen 19. Jahrhundert überlieferten Persönlichkeitsideale liquidieren, sondern insgesamt das Leben aller durchschnittlichen Menschen den von Blücher beschworenen «großen Umwandlungen» unterwerfen sollte. Gegenseitige Ergänzung als Schlüssel zum Ganzen? Es kann einen fast symbolisch anmuten, daß Heinrich Blücher ein rundes Jahr vor Anbruch des 20. Jahrhunderts zur Welt kam. Wladimir Iljitsch Lenin, der Begründer des dann unter Stalin verwirklichten «linken Totalitarismus», sollte prophetisch vom Jahrhundert der Kriege und der Revolutionen sprechen. Blücher nutzte später dieses Faktum, um sein Selbstbild zu konturieren: «Ich wurde 1899 geboren, erzählte er oft seinen Studenten, mit seinem breiten Berliner Akzent, und ich bin genauso alt wie das 20. Jahrhundert. Wenn ich über Griechenland spreche, spreche ich in Wirklichkeit über das 20. Jahrhundert» (P. P. Witonsky in seinem Nachruf vom 12. 1. 1972). Das herrschende Jahrhundert der Massenhaftigkeit sollte im Spiegel des – offenbar ungebrochen gegenwärtigen – hellenistischen Individualismus begriffen und kritisiert werden.

Welche konkreten biographischen Fakten lagen solcher Selbsteinschätzung zugrunde? Heinrich Friedrich Ernest Blücher wurde am 29. Januar 1899 im Südwesten Berlins geboren, vielleicht in Charlottenburg oder Wilmersdorf. Der Knabe hat seinen Vater nicht nur früh verloren, sondern nie gesehen. August Charles Heinrich Blücher kam wie gesagt mehrere Monate bevor sein Sohn das Licht der Welt erblickte, bei einem Arbeitsunfall ums Leben. Trägt man weiter zusammen, was über Heinrichs mit Sicherheit ärmliche Kindheit überliefert ist, ergibt sich gleichwohl kein wirklich scharfes Bild. Die Mutter mußte sich als Wäscherin durchschlagen; der Sohn war bereits als Knabe dazu angehalten, zum Lebensunterhalt beizutragen. Klara Emilie Wilke Blücher mußte ihren Sohn allein großziehen – ein Faktum, das diesen allerdings fürs Leben prägen und seine spätere Frau Hannah Arendt dazu bringen sollte, ihm in intensiven Briefen vor Augen zu stellen, daß man nicht nur «als Sohn» durchs Leben gehen könnte.

Bereits der Junge muß überbordend phantasievoll gewesen sein. Man erzählte sich später in New York unter den Mitgliedern des Blücher/Arendt-«Stammes», also in beider weit aufgefächertem Freundeskreis, daß dieser Heinrich, hätte er denn so gut zu schreiben vermocht, wie er zu erzählen verstand, womöglich ein bedeutender Romancier geworden wäre. Blüchers selbstgeschriebener Lebenslauf bestätigt dies auf seine Weise. Als einen Speicher zuverlässiger Daten sollte man das Papier besser nicht betrachten. Doch es zählt zu den ganz wenigen schriftlichen Zeugnissen, die uns dieser Mann hinterlassen hat. Und statt Heinrich seine Mythomanie zur Last zu legen, sollte man diese heuristisch, also erkenntnisstiftend zu nutzen suchen. Sie gehört zu seiner Persönlichkeit. Blücher wird später ein Mann sein, der ausschließlich sprechend zu sich selbst gelangen konnte. Von einer charakteristischen Mischung aus Vorsicht und Übertreibung sprechen unisono alle, die ihn in New York noch gekannt haben. Sie nahmen seine überbordenden Erzählungen als einen subjektiven Versuch, Sinn in der Welt zu finden. In gewisser Weise erschien in ihm die sprichwörtliche «Berliner Schnauze» ins Sokratische sublimiert und erhöht. Das «Ersatz-Abitur», Blücher will es 1919 abgelegt haben, wird in diesem Zusammenhang verständlich als die notwendige Station eines eben doch sinnbegabten Lebensverlaufs, einer autodidaktischen Ausbildung vom mittellosen Proletarier zum wohlbestallten Intellektuellen.

Freilich, aller Blücherscher Phantasie zum Trotz ist über das Berliner Alltagsleben der Arbeiterfamilie Blücher so gut wie gar nichts überliefert. Man kann allenfalls substituieren, was aus anderen selbstbiographischen Arbeitererinnerungen dieser Jahre bekannt ist. Sehr wenige Proletarier brachten es damals fertig, ihre Lebenserinnerungen niederzuschreiben. Einer dieser wenigen war der Arbeiter Moritz Th. W. Bromme mit seiner «Lebensgeschichte eines modernen Fabrikarbeiters». Der Mann trug, der Wilhelminischen Ära entsprechend, ebenfalls eine Vielzahl von Vornamen (also muß die vielgliederige Namensgebung von Blüchers Vater gar keine «historische Gewichtigkeit» signalisieren). Der wilhelminische Arbeiter Moritz Theodor William Bromme berichtet in seiner «Lebensgeschichte» schonungslos über den damaligen proletarischen Familienalltag. Ihm war es weitgehend unmöglich, sich im «Kreis der Seinen» glücklich zu fühlen und, in damals gültiger Wortwahl, über «Haushalt und Erziehung zu sinnen». Er schildert vielmehr mit kühler Distanz die Liebesbeziehung zu der Frau, die er später heiraten würde. Das Wort von ihrer Schwangerschaft fällt darin wie ein Schicksalsschlag. «Es tut mir leid», liest man in seinen Erinnerungen weiter, «daß man der Kindererziehung infolge des mühseligen Kampfes ums Dasein so wenig Zeit widmen kann.»

Ähnliche Verhältnisse müssen auch für die Blüchers gegolten haben. Und wenn Bromme mit sozialrealistischer Genauigkeit darüber berichtet, wie die nackte Not, der fehlende «Mammon», sein Familienleben total bestimmte, so haben wir uns ganz Ähnliches im Berliner Haushalt der vaterlosen Arbeiterfamilie Blücher vorzustellen. Der quasi naturgegebene Streit um das allzu wenige Geld, das man wöchentlich zusammenbrachte; die räumliche Beengung, der kein Arbeiter zu entkommen vermochte, besonders wenn er in der Großstadt wohnte – das muß auch für Blüchers Kindheitserfahrungen bezeichnend gewesen sein. Im Jahr 1895, also nicht lange vor Heinrichs Geburt, gab es beispielsweise in Berlin ganze 25000 Wohnungen, die lediglich aus einem Zimmer bestanden und von sechs oder mehr Personen bevölkert wurden. Man sah sich in diesen Kreisen wortwörtlich auf die Straße und in die Kneipen verwiesen. Vor diesem Hintergrund nimmt sich der wilhelminische Appell an das häusliche Wohlgefühl bürgerlich-realitätsfremd aus. So, wenn beispielsweise der industrielle Gründervater Friedrich Alfred Krupp 1877 zu seinen Arbeitern sprach: «Nach getaner Arbeit verbleibt im Kreise der Eurigen, bei den Eltern, bei der Frau und den Kindern ... Das sei eure Politik, dabei werdet ihr frohe Stunden erleben ... Das Politisieren in der Kneipe ist nebenbei sehr teuer, dafür kann man zu Hause Besseres haben.» Blüchers Denken sollte in Opposition zu solcher Ideologie, aus politischen Diskussionen in Berlins proletarischer Öffentlichkeit, eben den Kneipen, erwachsen. Die innige Beziehung zwischen sozialdemokratischer Politik und Kneipenleben im Berlin der damaligen Jahre wird von ihm bestätigt. Heinrich wird, nicht zuletzt der begrenzten Wohnverhältnisse wegen, zu einem Geschöpf des berühmten Berliner Straßenlebens. Die Ehe wird ihm später nicht Geborgenheit im Kreis der Seinen, sondern vor allem erotische Erfüllung und eine politische und philosophische (Kampf-)Gemeinschaft bedeuten.

Daß der Arbeitstod des Vaters und Ernährers im Fall der Blüchers die Situation noch verschärfte, liegt auf der Hand. Heinrich mußte schon früh dazuverdienen, durch das Austragen von Wäsche, die seine Mutter wusch und flickte. Nicht zuletzt die materiellen Bedingungen machten jene stabile, tief begründete Mutterbeziehung unmöglich, wie sie für das Bürgerskind Hannah typisch erscheint. Heinrich dagegen wird lebenslang ein gespaltenes Verhältnis zu seiner Mutter bewahren. Will man freudianisch formulieren: Er wird extrem zwischen dem Wunsch schwanken, einerseits den begrenzten, elenden Verhältnissen der Kinderstube zu entrinnen, um sein Selbst entwickeln zu können, und dem entgegengesetzten, vom Über-Ich diktierten, regressiven

Wunsch, im gesamten Leben nichts anderes darzustellen als deren «Sohn». Die Mutter wiederum muß diesen Sohn, der ihr nach dem allzu frühen Tod des Mannes verblieben war, abgöttisch geliebt haben. Sie wünschte, in sein Leben einbezogen zu werden, fordernd und dabei bestimmt von seelischer Unausgeglichenheit. Der Sohn hielt sie gewöhnlich von seinen Freunden fern und entzog sich tunlichst all ihren Besuchen, zu denen sie aus einem Berliner Vorort in die Metropole gereist kam. Nachdem er 1933 aus Deutschland flüchten mußte, hat er sie nie mehr wiedergesehen. Sie starb 1943. Er hat ihren Wohnort erst wieder 1961 aufgesucht, bei seiner ersten Europareise nach dem Krieg. Doch zuvor litt er an Schuldgefühlen und regressiven Rückkehrträumen. Es mag durchaus sein, daß manches aus dieser Mutterbindung in Heinrichs vielfältige und teilweise instabile Frauenbeziehungen eingegangen ist. Die spätere «offizielle» Begründung für Arendts und Blüchers Kinderlosigkeit verwies auf die psychische Labilität von Heinrichs Mutter.

Königsberger Verhältnisse

Anders sah es im gutsituierten Bürgerhaushalt der Arendts aus, zunächst in Hannover, wo Hannah 1906 zur Welt kam (in Hannover-Linden, Marktplatz 2), und ebenso dann in Königsberg, wo sie im wesentlichen aufwuchs. Am Anfang des 20. Jahrhunderts lebten rund fünftausend Juden in Königsberg. Die Bahnverbindung zwischen Odessa und der ostpreußischen Hauptstadt stellte seinerzeit die kürzeste Verbindung zwischen Rußland und der Ostsee dar. Auf dieser Route hatten Hunderttausende von Juden, vor den Pogromen des Ostens fliehend, sich auf ihre Wanderung in den Westen begeben. Und auch der hannoversche Aufenthalt der Arendtschen Familie war nur ein beruflich bedingtes Zwischenspiel. Schon wenige Jahre nach Johannas Geburt ging man nach Königsberg, in die angestammte Stadt, zurück. Hier herrschten familiärer Zusammenhalt und wirtschaftliche Sekurität, zusammen mit der Tradition der klassischen deutschen Dichtung und Philosophie. Das Kind Johanna, das dann später unter der jüdischen Fassung seines Vornamens berühmt werden sollte, «wurde geboren am 14. Oktober 1906 um 9 1/4 Uhr abends, an einem Sonntage. Die Geburt hatte 22 Stunden gedauert und verlief normal. Das Kind wog 3695 gr.» So steht es in «Unser Kind», dem schon erwähnten Erziehungstagebuch.

Wie sah der wirtschaftliche Hintergrund aus? Mütterlicherseits (Großvater Jakob Cohn) hatte man ein Teeimportunternehmen gegründet, mit erheblichem finanziellen Erfolg. Zu Hannahs Kindheitserinnerungen zählten deshalb auch die Besuche der Cohnschen Warenhäuser mit ihrem besonderen russischen Flair und dem Geruch und dem Geschmack von Marzipan, das zu den bevorzugten Exportartikeln der Firma zählte. Erinnerungen, so «deutsch» wie etwa die der Thomas Mannschen Buddenbrooks. Zu Hannahs Kinderzeit muß das eigene Jüdischsein so gut wie vergessen gewesen sein. Erst ihre Schulzeit brachte es erneut ins Bewußtsein der Heranwachsenden – in einer Weise, die besondere politische Maßregeln nach sich zog und deshalb noch zu schildern sein wird. Die Cohns und die Arendts fühlten sich fraglos als Deutsche. Ein Beispiel dafür: In Diskussionen mit dem zionistisch denkenden Kurt Blumenfeld, dem damaligen Königsberger Studenten und späteren Präsidenten der deutschen Zionistenorganisation, der dann in Berlin und Paris auch Hannah Arendts guter Freund werden würde, verbat sich Hannahs Großvater Max leidenschaftlich und lautstark alle Argumente, die sein Deutschsein in Frage stellten.

Von der Tochter aus diesem Hause wissen wir aus dem Erziehungstagebuch, daß sie mit zehn Monaten einzelne Worte zu sprechen vermochte. Mit fünf Jahren hatte das Kind perfekt lesen und «auf ihre Art» schreiben gelernt. Die wenigen Eintragungen des Vaters weisen ihn als einen nüchternen, genau beobachtenden Mann aus (keineswegs aber als einen allzu strengen Patriarchen, wie die biographische Fama es zuweilen möchte). Er war es, der die ersten Beobachtungsnotizen seiner Frau: daß beider Tochter «graublaue» Augen und eine kleine Nase besäße, realistisch korrigierte. Ab ihrem ersten Lebensjahr hatte die kleine Johanna Arendt dann realitätsgerecht «braune» Augen und einen «reinen, aber gelblich blassen» Teint. Korrigierte hier einer die mütterlichen Hoffnungen auf ein allzu «assimiliertes» Aussehen des Kindes? Einer Tochter mit dem christlich klingenden Vornamen Johanna? Den Namen «Hannah» wird das Kind dieser Ehe offiziell dann erst recht spät annehmen, nämlich 1951 und im Zuge der Naturalisierung als US-amerikanischer Staatsbürgerin: «Name changed by decree of court from Johanna Bluecher to Hannah Arendt Bluecher as part of the naturalisation.»

Bei den Königsberger Familien Arendt und Cohn handelte es sich also um typisch deutsch-jüdisches, assimiliertes Milieu. Beide Familien illustrierten mustergültig jene Chancen auf gesellschaftliche Integration und wirtschaftlichen Aufstieg, die Deutschland nach der Aufklärung, und gerade auch in seinen preußisch dominierten Teilen, für jüdische Zuwanderer aus dem Osten bereitzuhalten vermochte. Den Sachverhalt herauszustellen scheint wichtig. Denn womöglich bereitete gerade die gelungene Assimilation jene überragenden Leistungen des deutschsprachigen Judentums vor, die mit Namen wie Freud, Marx und Einstein verbunden erscheinen? Von ihren jüdischen Wurzeln entfernt, aber mit anderen Traditionen kohabitiert, vermochte vielleicht jene phänomenale Vorurteilslosigkeit zu entstehen, die auch Hannah Arendts Denken auszeichnete? Günther Anders jedenfalls hat es in seinem Beitrag zu «Mein Judentum» so gesehen und daran erinnert, daß der «Kant-Erneuerer Hermann Cohen» überzeugt davon gewesen sei, daß «eine gewissermaßen gottgegebene Affinität» zwischen der jüdischen und der deutschen Kultur bestanden habe.

Bleibt die hochwichtige Frage nach Hannahs Erfahrungen mit dem alltäglichen Antisemitismus, den es selbstverständlich auch im damaligen Königsberg gab. Keineswegs hat er, man kann diese These in biographischen Darstellungen über die deutsche Jüdin Hannah Arendt zuweilen lesen, für Hannahs Kindheit keine Rolle gespielt. Hannah selbst hat in einem Interview aus dem Jahre 1964 dazu bemerkt: «Was meine persönliche Erinnerung angeht: Ich habe von Hause aus nicht gewußt, daß ich Jüdin bin. Meine Mutter war gänzlich areligiös ... Mein Vater ist früh gestorben. Es klingt alles sehr komisch. Mein Großvater war Präsident der liberalen Gemeinde und Stadtverordneter von Königsberg. Ich komme aus einer alten Königsberger Familie. Trotzdem, das Wort ‹Jude› ist bei uns nie gefallen, als ich ein kleines Kind war. Es wurde mir zum ersten Mal entgegengebracht durch antisemitische Bemerkungen ... von Kindern auf der Straße. Daraufhin wurde ich sozusagen ‹aufgeklärt›.» Diese Erfahrung steht völlig im Einklang mit dem, was Max Fürst berichtet hat. In «Gefillte Fisch» liest man: «Die Familie meiner Mutter war seit langem in Königsberg ansässig und stark assimiliert. Meine Großmutter lehnte alle jüdischen Bräuche ab.» Oder auch: «Dort und in den Seitenstraßen der Kaiserstraße war das alte jüdische Getto. Hier hatten auch die Eltern meines Vaters gewohnt. Hier begegnete man den Juden aus den polnischen und russischen Gettos mit Kaftan und Peies; sie waren für uns um so abstruser, als sie wie wir Juden waren ... Es war für meine Eltern eine überlebte Lebensform, die sie zugunsten der ‹höherstehenden› deutschen Kultur aufgegeben hatten. ‹Deutsche Ordnung, deutsche Sitte trat in Judas niedre Hütte›, stand in einem Gebetbuch.»

Ein Einklang persönlicher Erfahrungen, offenbar ein Phänomen von hoher sozialer Repräsentanz für das damalige Deutschland. Im dargestellten Sinn fühlten sich Paul Arendt und seine Frau Martha ganz selbstverständlich als Deutsche. In des Vaters Bibliothek standen damals alle jene Klassiker, die deutschen, die lateinischen und auch die griechischen, die später der Tochter so viel bedeuten sollten. Die Bücherschränke waren aus dauerhafter Eiche gefertigt und, vielleicht wie im Hause der Fürsts, mit «grünem Kathedralglas mit Bleifassung» verschlossen. Doch mit oder ohne Kirchenglas, ihr sakraler Charakter war derselbe. «Dabei waren doch die Klassiker, die da aufgereiht waren, die solide Basis meiner Bildung. Freilich, am schönsten waren die riesigen illustrierten Bände der Schiller-Ausgabe … Darin konnte ich nie genug lesen.» Das sind Sätze Max Fürsts, die auch Hannah Arendt hätte schreiben können. Die elterliche Bibliothek in Königsberg wurde für ihre Orientierung entscheidend. Und an prominenter Stelle der bürgerlichen Hausbibliotheken stand in Königsberg ausgerechnet ein moralisch-idealistischer, philosophienaher Klassiker aus dem pietistischen Schwaben. Friedrich Schiller, der Autor des Programmgedichts «Das Mädchen aus der Fremde», paßte denn doch besser als der Liebeslyriker Goethe in die Stadt des kategorischen Imperativs hinein. Nach seinem Gedicht wird die Heranwachsende später ihre Identität modellieren.

Der gesellschaftliche Umgang der Eltern bestand in erster Linie aus Akademikern, weniger aus Kaufleuten oder Händlern. Die Töchter wurden in diesen Kreisen für eine Berufslaufbahn erzogen, keineswegs ausschließlich für eine spätere Heirat – wie ja auch die Albertina, Königsbergs berühmte Universität, immerhin seit Hannahs Geburtsjahr 1906 weibliche Studenten zuließ. Daß sie aufgrund ihrer beruflichen Erfolge, als Professorin der Philosophie, eine «Ausnahmefrau» sei, den Gedanken hat Hannah Arendt immer strikt abgelehnt. Die Arendts lebten im betont bürgerlichen Stadtviertel Hufen, in der Nähe des weitläufigen Tiergartens. Sie fühlten sich den jüdischen Arbeitern im Süden des Pregels, rund um die imposante orthodoxe Synagoge, gewiß ferner als den deutschen Bürgern ihrer unmittelbaren Nachbarschaft. «Die Hufen-Kinder waren anders als die Stadtkinder. Besser gekleidet, mit moderneren Eltern ... Damals tauchte dort ein Kind auf, Hannah Arendt, schön und klug, für mich (Max Fürst, B. N.) ein Kind aus einer ganz anderen Welt. Sie lebten nebeneinander, diese ‹anderen› Welten, und doch waren es alles Bürger.»

Gewiß, man konnte als Jude nicht Professor an der gerühmten Königsberger Universität werden. Juden konnten allenfalls Lehraufträge erhalten und über Fragen des Judentums lehren. Gewiß, kaum einmal konnte ein Jude in den Kreis der Regierungsämter vordringen. Doch die Juden waren durch ihre Interessenvertreter, durch Ärzte, Rechtsanwälte, Künstler und Lehrer, an der politischen Willensbildung relativ direkt beteiligt. Die Aufklärung hielt dem Antisemitismus noch immer die Waage – auf jeden Fall in den maßgeblichen, liberal bis sozialdemokratisch denkenden Kreisen der Gebildeten und Besitzenden dieser ostpreußischen Handelsstadt. Das schuf Raum für ein sehr selbständiges Ich-Gefühl auch im Politischen. Selbst die zeitweilige Zionistin Hannah Arendt würde, und zwar in jenem bitteren Streit um ihren Bericht über den Eichmann-Prozeß, sich weigern, Israel als Nation zu «lieben» – weil schließlich jedes «normale», nationalstaatlich organisierte Volk sich in Mob und Masse verwandeln konnte. Lebenslang wird sie die Universalität jüdischer Existenz, die Fähigkeit der Juden, überall und nirgends zu Hause zu sein, über die womöglich «schicksalhafte» Bindung des einzelnen an sein Volk setzen. In diesem Sinn kann man sich Hannah Arendt als ein Kind der noch intakten Klassengesellschaft des 19. Jahrhunderts vorstellen – ein Geschöpf der Vorkriegszeit und des alten Europa, ein Bürgerskind aus Ostpreußen.

Eine «Kindheitsphantasie» und das Prinzip des Politischen

Martha Arendts Erziehungstagebuch hielt als generellen Wunsch fest, dem Kind eine «normale Entwicklung» zu ermöglichen. «Normal» meinte die möglichst vielseitige Ausbildung der denkerischen und musischen Fähigkeiten. Die schriftliche Fixierung der pädagogischen Beobachtungen, wie die Arendts sie vornahmen, hielt sich dabei an die Systematik damaliger deutscher Wissenschaftlichkeit. Eine ganze Schule lehrte solche Praxis seit den achtziger Jahren (Wilhelm Preyers Standardbuch «Die Seele des Kindes», 1881 erschienen, gibt ein Beispiel dafür ab). Kurios der Zufall, daß auch Hannah Arendts erster Mann, Günther Stern, ein Objekt solcher Kindesbeobachtung gewesen war: Seine Eltern, die Psychologen William und Clara Stern aus Wien, hatten im Jahre 1914 eine entwicklungspsychologische Studie veröffentlicht, gewonnen aus der Beobachtung des Heranwachsens ihrer drei Kinder.

Aus Martha Arendts Erziehungstagebuch erfahren wir Einzelheiten über Stillzeiten und Sauberkeitstraining. Die Details summieren sich zum Bild einer für die damalige Zeit erstaunlichen, sehr liberalen Erziehung, die nirgendwo die Bewegungs- und Entwicklungsmöglichkeiten des Kindes einschränkte. Daß Martha Arendt ihre Tochter am Anfang auf der Toilette «abhielt», bedeutet doch, daß die Mutter das Kind eben nicht am Aufsetzen zu hindern versucht, es gar «eingeschnürt» hätte. Im Gegenteil: In diesem jüdischen Elternhaus wurden die Forderungen der frühkindlichen Triebnatur offenbar ganz erstaunlich akzeptiert. Dabei mag auch die freiere jüdische Einstellung zum Trieb ihre Rolle gespielt haben. Jedenfalls schien eine deutliche Distanz zur protestantischen «innerweltlichen Askese» auf, um ein Wort Max Webers zu benutzen. Daß Hannah Arendt später als Teenager beim Baden an der Ostsee einem Jungen, der sie auffordernd in die Wade kniff, den Bescheid gegeben haben soll, er solle dies erst mal unterlassen, denn «sie sei noch nicht so weit» – das mag, ebenso wie ihre spätere erotische Erlebnisfähigkeit in der Ehe mit Heinrich, die Wirkungen einer erstaunlich liberalen frühkindlichen Erziehung zeigen. Offenbar wurde Hannah in dieser Phase, in der auch ihr Vater noch am Leben war, mit einem nicht unerheblichen emotionalen Polster ausgestattet. Hier sollte zwar ein «deutscher Mensch» erzogen werden – aber kein lustloser Untertan.

Zudem handelte es sich bei den Arendts in Königsberg – vor allem durch die Fähigkeiten der klavierspielenden Mutter – um einen musischen Haushalt, in dem viel gesungen, vorgelesen wurde und Geschichten erzählt wurden. Einen Wunsch der Mutter erfüllte die Heranwachsende allerdings nicht: Bei allem Interesse an der Musik und bei aller Freude am eigenen Singen – Hannah Arendt war wirkliche Musikalität versagt. «Alles Theoretische an der Musik fällt ihr leicht, jedoch das Gehör corrigiert sie nie.» Und: «Hat noch immer ihre tiefe und laute Stimme und singt nun zumeist falsch, leider!!» Dagegen fiel es der Sechsjährigen um vieles leichter, mit Zahlen und mit Wörtern umzugehen. Im Gegensatz zur Mutter (Arendt sollte diese später als einen ausgeprägt nichttheoretischen Menschen bezeichnen) war dieses Kind in erster Linie theoretisch veranlagt. Schon die Dreijährige sprach ziemlich gut. Auch hatte sie zuvor eine babyhafte «Privatsprache» entwickelt, in erster Linie für die Konversation mit der Puppe. Später, im Kindergarten, wird das fünfjährige Kind seine Betreuer dadurch beeindrucken, daß es offenbar mühelos lesen und schreiben konnte.

Doch eines Tages verdunkelte sich der Sonnenschein, der über dieser Königsberger Kindheitswelt lag. Hannah wird später für ihren, wenn man so will, «väterlichen Geliebten» Martin Heidegger einen Text mit dem sprechenden Titel «Schatten» schreiben. Der spricht von ihrer «verratenen» und «hilflosen», weil im wesentlichen vaterlosen Jugend. Eine Fünfjährige erlebte, beginnend mit dem Jahr 1911, den abrupten Verfall und schließlich qualvollen Tod ihres Vaters. Diese Fünfjährige mußte den Vater pflegen, sich mit ihm abgeben, ihn zerstreuen. Ein jäher Wechsel des Glücks. Konnte man doch zu diesem Vater in seinen gesunden Tagen aufblicken: gelehrtenhaft und ernst, mit einem gewachsten, schwarz glänzenden Schnurrbart unter römisch wirkender Nase. Ein professorenhafter Kneifer saß vor den introvertiert blickenden Augen in einem vornehm-blassen Gesicht über einem stets strahlend weißen «Vatermörder»-Kragen. Paul Arendt schrieb neben seiner Berufsarbeit politische Artikel, nahm insgesamt lebhaften Anteil am kulturellen und politischen Leben. Seine Tochter wird ihn als einen gelehrten, aber auch sanften und freundlichen Mann in ihrer Erinnerung behalten.

Doch Paul Arendt hatte sich bereits in jungen Jahren die Syphilis geholt. Seine Frau wußte davon. War auch über die verschiedenen Behandlungen informiert, die er deshalb durchlaufen hatte. Die Krankheit brach dann im Frühjahr 1911 in voller Stärke aus. Sie führte zu partieller Bewegungsunfähigkeit, schließlich zu vollständiger Geisteskrankheit. Paul Arendt mußte im Sommer 1911 in eine Anstalt in Königsberg eingewiesen werden, wo er im Oktober 1913 verstarb. Seine schwere Krankheit muß für das Kind eine außerordentliche Belastung bedeutet haben. Allein die Spaziergänge mit dem Kranken im Königsberger Tiergarten bedeuteten eine enorme Anforderung. Er konnte abrupt das Gleichgewicht verlieren und zu Boden stürzen. Wieder zu Hause, spielte die kleine Tochter dann stundenlang Karten mit dem ablenkungsbedürftigen Vater.

Eine Einzelheit machte den Verlust womöglich noch einschneidender. Dieser Vater gab für das Kind eine der ersten Quellen für jenes «Geschichtenerzählen» ab, das Hannah dann lebenslang bewundern und als ein großes Heilmittel einschätzen sollte. «All sorrows can be borne if you put them into a story or tell a story about them» – dieses Tania-Blixen-Motto findet sich in der «Vita activa». Diese Grundüberzeugung bestimmte insgesamt das Bild der dänischen Erzählerin Isak Dinesen alias Tania Blixen, das Hannah Arendt später in einem intensiven Essay entwarf – einen Essay, der «eigentlich» von seiner Autorin selbst handelte. «Es ist wahr: das Geschichtenerzählen enthält den Sinn, ohne den Fehler zu begehen, ihn zu benennen; es führt zur Übereinstimmung und Versöhnung mit den Dingen, wie sie wirklich sind, und vielleicht können wir ihm sogar zutrauen, implizit jenes letzte Wort zu enthalten, das wir vom Tag des Jüngsten Gerichts erwarten.» Der erste große Schmerz, erfahren im Tod des Vaters, erweckte zugleich eine geradezu heilsgeschichtlich akzentuierte Hoffnung auf Versöhnung jenseits alles Geschichtlichen. Der Ort dieser Versöhnung lag freilich einzig in der Literatur.

Der frühe Tod des Vaters markiert offenbar einen entscheidenden, identitätsbildenden Moment in Hannahs Entwicklung. Zusätzlich wichtig wirkt er durch die folgende Diagnose Yela Löwenfelds. Yela Löwenfeld hatte, wie vermerkt, bei Hannahs früher Ehe mit Günther Stern die Trauzeugin abgegeben, und sie war mit dieser in deren Berliner Jahren entsprechend vertraut gewesen. In einem Brief vom 20. März 1975 schrieb – die übrigens psychoanalytisch tätige – Yela, nach einer «jahrelangen Hemmung», erneut an Hannah. Sie wollte der alten Freundin zu dem bedeutenden Kopenhagener Sonning-Preis gratulieren. (Die «jahrelange Hemmung» rührte, nach der Erinnerung von Yela Löwenfelds Sohn, eines New Yorker Juraprofessors, daher, daß Hannah Arendt Yela gegenüber einmal erotische Avancen gemacht zu haben schien). In dem Brief steht: «Es war noch in Berlin oder Neu Babelsberg (hieß der Ort nicht so?), als Du mir einmal erzähltest: Deine Mutter habe ihr halbes Leben auf Deinen Vater gewartet, und als er endlich zu ihr kam, war es eigentlich zu spät. Er ging an der erbarmungslosen Krankheit zugrunde. Du warst das einzige, was ihr geblieben war; und Du solltest seine glänzende Carriere als Schriftsteller (sozialistische Monatshefte?) erfüllen … Und Du hast die Kindheitsphantasie erfüllt trotz aller Schwierigkeiten.»

Es betrifft also gewiß auch die eigene Sache, was Hannah Arendt über die dänische Erzählerin Dinesen niedergeschrieben hat – über eine Schriftstellerin, die nicht nur ihren eigenen Vater ebenfalls noch als Kind verloren hatte, sondern selbst an Syphilis erkrankt war. Arendts Identifizierung reichte bis in die Wurzeln der eigenen schriftstellerischen Existenz hinab. Im Dinesen-Essay steht: «Aus dem, was wir jetzt über ihr frühes Leben wissen, scheint recht deutlich zu werden, daß sie eben dies als junges Mädchen versuchte: eine ‹Idee› zu ‹verwirklichen› und das Geschick ihres Lebens zu antizipieren, indem sie eine alte Geschichte wahr werden ließ. Die Idee erreichte sie als Erbschaft ihres Vaters, den sie sehr geliebt hatte – sein Tod, als sie zehn Jahre alt war, bildete den ersten großen Schmerz, … den ersten großen Schock, aus dem befreit zu werden sie sich weigerte –, und die Geschichte, die zu spielen sie für ihr Leben geplant hatte, sollte im Grunde eine Fortsetzung der Geschichte ihres Vaters sein.» Hier zum einzigen Mal, soweit ich sehen kann, versucht Arendt die Eigenheit eines Schriftstellers strikt psychoanalytisch aus Jugenderlebnissen abzuleiten. An diesem Tatbestand ändern die sonstigen, partiell sehr kritischen Äußerungen Arendts (und Blüchers) zur Psychoanalyse als Methode gar nichts. Der Grund scheint klar: Aus Tania Blixens Schriftstellerschicksal sprach ein *tua res agitur* zu der Königsberger Jüdin. Es ging um ganz Eigenes. Das hieße dann, daß Hannahs Laufbahn als politische Schriftstellerin von jener erheblichen psychischen Energie gespeist wurde, wie sie durch das Erlebnis des allzu frühen Todes eines Elternteils freigesetzt werden kann – besonders, wenn dieses

Elternteil das Kind ödipal auf den eigenen Identitätsentwurf verpflichtet hatte.

Auch ein anderes zentrales Thema von Arendts späterem politischen Denken scheint mit Erlebnissen der Heranwachsenden zusammenzuhängen. Im Interview (mit Günter Gaus, 1964) liest man: «Ich wußte zum Beispiel als Kind – als etwas älteres Kind jetzt –, daß ich jüdisch aussehe. Das heißt, daß ich anders aussehe als die andern. Das war mir sehr bewußt. Aber nicht in Form einer Minderwertigkeit; sondern das war eben so.» So war das eben; und der Tatbestand des Andersseins konnte die Heranwachsende, verbunden mit dem Gefühl eigener außerordentlicher Begabtheit, sogar zu ausgeprägten Überlegenheitsgefühlen verleiten. Dabei ging es wohlgemerkt um den Kern von Hannah Arendts sich herausbildender Identität: um ihre Existenz als Jüdin in der deutschen Gesellschaft – ein Gesichtspunkt, aus dem heraus sie später die Biographie der Rahel Varnhagen entwerfen wird. Arendt hat weiter ausgeführt: «Meine Mutter ... war selbstverständlich Jüdin ... Sehen Sie, der Antisemitismus ist allen jüdischen Kindern begegnet ... Der Unterschied bei uns war, daß meine Mutter immer auf dem Standpunkt stand: Man darf sich nicht ducken! ... Wenn etwa von meinen Lehrern antisemitische Bemerkungen gemacht wurden ... dann war ich angewiesen, sofort aufzustehen, die Klasse zu verlassen, nach Hause zu kommen, alles genau zu Protokoll zu geben. Dann schrieb meine Mutter einen ihrer vielen eingeschriebenen Briefe; und die Sache war für mich natürlich völlig erledigt ... Was (dagegen) von Kindern kommt, dagegen wehrt man sich selber ... Es gab Verhaltensmaßregeln, in denen ich sozusagen meine Würde behielt und geschützt war, absolut geschützt zu Hause.»

Diese Aussage ist ein längeres Zitat wert. Scheint sie doch erstaunlich und muß in ihrer Tragweite gewürdigt werden. In ihr kommen zwei Elemente zusammen, die widersprüchlicher nicht sein könnten. Das diskriminierende, durch erfahrenen Antisemitismus begründete Bewußtsein angeblich minderwertiger Andersartigkeit einerseits – und das Gefühl von selbstverständlicher Würde und sicherem Schutz andererseits. Dabei handelte es sich keineswegs um den regressiven Schutz, den einem das «traute Heim» mit seiner Stubenwärme vor der bösen, kalten «Welt da draußen» zu bieten vermag. Es ging keineswegs um die wilhelminische Lösung einer «machtgeschützten Innerlichkeit». Im Gegenteil: Das gesellschaftliche Draußen wird beeinflußt durch die Handlungen aus dem familiären Raum, der im eingeschriebenen Brief seine soziale Wirkung entfaltet. Nicht um Rückzug geht es, sondern um die gewollte, nach akzeptierten Regeln durchgeführte Beeinflussung der gesellschaftlichen Sphäre – um politisches Handeln aus dem Privatbereich des einzelnen heraus. Hannah erfüllte dabei – nach eigener Aussage – das erfahrene Gefühl des Abweichenden, bis hinein in ihr andersartiges, jüdisches Aussehen, mit einem Gefühl des Stolzes. Sie empfand sich als ausgezeichnet vor den anderen, den «normalen». Eine Variation auch des Thomas Mannschen Weltgefühls im «Tonio Kröger» – wobei mitgedacht werden muß, daß die «anderen» immer die Mehrheit und potentiell eine brutale Gefahr darstellten. Thomas Mann jedenfalls hat in seinem Brief an Hannah Arendt (vom 10. Juni 1944; in Deutschland bislang ungedruckt) nicht nur an die deutschromantischen Ursprünge des Arendtschen «Schlemihl»-Begriffs erinnert – sondern auch an Parallelen zu seinem «Tonio Kröger». Offenbar konnten im Wilhelminischen Deutschland das jüdische und das künstlerische Lebensgefühl sehr nahe beieinander liegen – jedenfalls, wenn man ein Kind des damaligen Bürgertums darstellte.

Freilich war solche Existenz pointierten, riskanten Andersseins nur durchzuhalten, wenn in der Gesellschaft politische Überlebensgarantien für Minderheiten existierten. Dies schien vor allem eine Sache der Gebildeten, wie sie an den Schlüsselstellen der (bürgerlichen) Gesellschaft saßen, jedenfalls noch im 19. Jahrhundert. Die gleiche Sache von ganz verschiedenen Blickwinkeln aus zu betrachten und sich dennoch diskutierend verständigen zu können. Gemeinsames Zusammenleben bei unverkürzter Andersartigkeit jedes Individuums, das eben nicht unter die Kennmarke «Der Mensch», sondern immer nur unter «Verschiedene Menschen» rubriziert werden durfte – dieser Kern von Hannah Arendts eigenstem (und wenn man so will: «liberalem») Politikverständnis scheint mir vorgeformt in ihrer kindlichen Erfahrung des Antisemitismus und dessen möglicher politischer Abpufferung in einem.

Die geschilderte doppelte Erfahrung setzte notwendigerweise neben dem Antisemitismus auch allgemein akzeptierte Grundrechte für die Juden voraus. Beides aber war im Wilhelminischen Reich noch gewährleistet; paradoxerweise dadurch, daß der Wilhelminismus auf einer noch intakten Klassengesellschaft beruhte, in der meist der Herrschende auch der Gebildetere sein mußte – jedenfalls, wenn er bürgerlicher Herkunft war. Hannah Arendts Kindheit bezeugt, daß man im damaligen Deutschland auch als Jude durchaus zu leben vermochte. Ihre Jugend liefert ein beredtes Beispiel gegen die Thesen Daniel Jonah Goldhagens vom immer schon gegebenen «eliminatorischen Antisemitismus» in Deutschland – was in ironischem Einklang damit steht, daß Goldhagens Bestseller «Hitlers willige Vollstrecker» gegen die von Hannah Arendt inspirierte Schule der politischen Wissenschaft geschrieben worden ist. Die Vereinzelung des jüdischen Individuums nahm diesem damals weder die Würde noch den Schutz – jedenfalls solange der im 18. und 19. Jahrhundert entwickelte politische Rahmen ihm seine Rechte garantierte. Der Appell an die bürgerlichen Gebildeten im Königsberger Schulsystem half zuverlässig gegen den vulgären Antisemitismus. Bildungszugehörigkeit setzte die Volkszugehörigkeit ein Stück weit außer Kraft. Später wird sich das umdrehen. Die für Hannah Arendts Denken zentrale Theorie des Totalitarismus wird daher entworfen werden mit besonderem Hinblick auf die Eigenart des Totalitären, alles Besondere auszulöschen – mithin aus einem Blickwinkel, den man eigentlich nur noch im liberal-bürgerlichen 19. Jahrhundert erlernen konnte.

Heinrich Blüchers Schulzeit

Heinrich Blücher war es nicht bestimmt, zum Objekt einer Biographie zu werden. Seine Lebensspuren sind weitgehend verweht. Außer seinen Briefen ist nichts Gedrucktes von ihm auf die Nachwelt gelangt, sieht man von einer Buchbesprechung ab. Der charismatische Redner, den Goethes «Faust» so faszinierte, hätte mit der «Lustigen Person» aus dem «Vorspiel auf dem Theater» deklamieren können: «Wenn ich nur nichts von Nachwelt hören sollte. / Gesetzt, daß ich von Nachwelt reden wollte, / Wer machte denn der Mitwelt Spaß?» Freilich, der Knabe Heinrich hat die Berliner Volksschule besucht und über sie Lobendes festgehalten. Die «Volksschule, die ich in der Großstadt besuchte, besaß einen pädagogisch und technisch ... hohen Standard». Weiterhin notierte sich der Marxist die sozusagen klassenintegrative Funktion dieser Anstalt. Sie bot, da «auch die Kinder reicherer Schichten ihre ersten Schuljahre oft dort zubrachten, in den unteren Klassen das Bild eines wirklichen Durchschnitts der Berliner Bevölkerung». Im Laufe der weiteren Schulausbildung wanderten in der Regel die Kinder der Wohlhabenderen ab. Dann blieb nur der «lose, aber durchaus feindselige Kontakt» mit ihnen – die Klassenschranke hatte sich gesenkt.

Doch die Berliner Volksschule pflegte dem Proletariersproß für einige Jahre das gleiche Pensum zu vermitteln wie dem Bürgerskind. Preußen besaß ein zentrales Schulreglement. Weshalb man an dieser Stelle gewiß auf die Jugenderinnerungen Walter Benjamins verweisen kann, Heinrichs

Freund und Schachpartner aus späteren Pariser Emigrantentagen. Benjamin wuchs etwa zur gleichen Zeit wie Heinrich in Berlin heran, freilich im großbürgerlichen Westen der Stadt. Was Benjamin aber unter dem Rubrum «Schülerbibliothek» in seiner «Berliner Kindheit um neunzehnhundert» festgehalten hat, verhandelt die Sache des Volksschülers Heinrich Blücher ein Stück weit mit. Auch Heinrich wird sich später von der schuloffiziellen Form der Vergangenheitsverklärung absetzen, die ihrerseits Benjamins Schulerinnerungen bestimmte. Die Volksschule wird das Arbeiterkind mit den gleichen Bildern aus «vaterländischer Vergangenheit» traktiert haben, die der bürgerliche deutsche Jude Benjamin vorgehalten bekam: «Wie anders war (die) Welt als die der Lesebücher ... Am muffigsten jedoch in jenen Bänden ‹Aus vaterländischer Vergangenheit› ... Schmucke Fähnlein von Reisigen begegneten im Text, dazu ehrsame Handwerksburschen ... aber auch der falsche Truchseß ... und fahrende Gesellen, die im Sold des welschen Königs standen, fehlten nicht.» Aus Rebellion gegen solche nationalistische Indoktrination wird Heinrich sich später der Linken anschließen und anarchistische Gedankengänge pflegen.

Neben dem stadtfeindlichen Land und neben der klassenübergreifenden Volksschule stand das «ausgiebige Straßenleben der Berliner Jugend»: ein Forum proletarisch-kleinbürgerlicher Öffentlichkeit. Dieses Forum wurde, Heinrichs eigenen Erinnerungen zufolge, zur Hauptarena für seine Ausbildung. Die Berliner Chansons von Heinrichs bestem Freund Robert Gilbert («Puppchen, du bist mein Augenstern» – sein wohl erfolgreichster Ohrwurm) atmeten den keck-resignativen Geist dieser spezifisch berlinerischen Straßenöffentlichkeit. Eine zentrale Erfahrung der beiden bestand in der Rebellion gegen das Bewußtsein, «lorbeerlos» leben und sterben zu müssen – inmitten einer Stadt, die sich täglich mehr mit antikisierenden Denkmälern füllte. Man war Teil einer ruhmlosen Masse – und meinte dennoch, eigentlich Ewigkeit beanspruchen zu können in einer Stadt, der der Kaiser (in einer zeitgenössischen «Simplicissimus»-Karikatur) als Strafe für das Wählen der Sozialdemokraten damit drohen konnte, ungehemmt weitere Denkmäler zu errichten. Im Bewußtsein eigener Bedeutungslosigkeit die Ewigkeit zu verlangen: Solche ambivalente Selbsteinschätzung gehörte gewiß zum Lebens- und Identitätsgefühl der Straßenjugend in damaligen «Spreeathen». Diese Heranwachsenden begriffen sich als selbst spurlos bleibende Flaneure an den Stätten des Nachruhms für andere. Hannah Arendt hat, später in New York, einen eigenen Essay über Gilbert geschrieben – und sie hat im gewählten Motto ihren Mann Heinrich Blücher gewissermaßen mitbedacht: «Seht, da liegen die Gerühmten / Lässig in den stets beblümten / Sarkophagen Bein an Bein –. / Wir dagegen, Lorbeerlose, / Müssen ohne Denkmalspose / Vor Gott stehend ewig sein!»

Im Berliner Straßenleben erwarb Heinrich auch, was ihn in den Augen seiner späteren Frau besonders anziehend und liebenswürdig erscheinen ließ. Nur in den Straßen Berlins waren sie, jedenfalls Hannah Arendt zufolge, zu erlernen: jene «Freude am schieren Lebendigsein», jene «unbekümmerte Vitalität», die Hannah an ihrem Heinrich in den dreißiger Jahren bewunderte. Der Berliner besaß darin etwas, was der Königsbergerin abging. Was immer Hannah Arendt über die Verse Gilberts geschrieben hat, meint deshalb auch Blücher. Unverfälscht Berlinerisches, unverfälscht Deutsches drang für sie aus den Versen, mit denen die beiden Freunde einander unterhielten. «In kaum einer anderen Sprache ist das Volkstümlich Poetische so nahtlos und zwanglos in die große Dichtung eingegangen und ihr Urelement geblieben wie in der deutschen» – von «Hölderlin bis Kafka». Die Königsbergerin scheute sich nicht, die Berliner Straßenverse Gilberts direkt neben Hölderlin und Kafka zu stellen. Wann immer sie mit Heinrich über deutsche Gedichte sprach oder auch eigene schrieb und dann korrespondierend deren endgültige Fassung mit ihm zusammen ausarbeitete; als sie, siehe oben, Heinrichs «Heirats»antrag mit den Versen eines Goethe-Gedichts aus dem «Divan» implizit akzeptierte – stets lag die Überzeugung zugrunde, daß das «Poetische der Kinderzeit als der Urquell aller Dichtung» sich ihnen in einer gemeinsamen deutschen Kindheit erschlossen hätte. Hannah Arendt, über Gilberts Berliner Straßenverse schreibend, hörte den Großstadtklang auch aus den Versen Heinrich Heines heraus, aus den Versen eines entlaufenen Romantikers, der zugleich der erste authentische Metropolenbewohner der deutschen Poesiegeschichte gewesen war. Für Heine wie für Gilbert wie Blücher als Bewohner moderner Metropolen galt deshalb: «Lorbeerlos sind wir alle geboren; lorbeerlos wuchsen wir heran und entdeckten in der Kinderzeit, wenn wir Glück hatten, das Poetische, das am Grunde jeglicher Dichtung liegt.»

Nicht der Ruhm, den einer durch Gedrucktes erwirbt, ist unter diesem Aspekt entscheidend. Vielmehr zählt, was er am Ende von der Dichtung gelernt hat, deren allversöhnendes Geschichtenerzählen ja nichts anderes ist als eine Politik des Ausgleichs unter dem Aspekt der Ewigkeit: die letzte, einzige Aufhebung alles irdisch unstillbaren Leids. Wahre Dichtung hat nämlich mit dem wahren Teilnehmer des Berliner Straßenlebens eines gemeinsam: Beide verstehen es, die Dinge von ihren verschiedenen Seiten zu betrachten. Der Witz der Berliner Straßenjugend rührte ja nicht zuletzt aus dem Bewußtsein, daß jedes Ding seine zwei Seiten besaß. Noch dem feierlichsten Ereignis haftete Lächerliches an, und umgekehrt auch das lächerlichste Detail mag ins Erhabene umschlagen. Erst diese Erkenntnis befähigt zu politischem Denken. Hannah Arendt wird sie auf ihrem Königsberger Gymnasium erwerben, in ihrer Beschäftigung mit griechischer Poesie. Ihr Berliner Lebensgefährte dagegen erwarb sie im wesentlichen durch die Substanz der Metropole selbst: durch das legendäre Straßenleben Berlins. Nur aufgrund seiner metropolenspezifischen skeptischen Dialektik hätte Berlin erst Hitler und dann Ulbricht widerstanden – das jedenfalls meinte Hannah Arendt und schrieb es in ihrem Besuchs-Buch über das Deutschland kurz nach Kriegsende nieder.

Schulzeit einer Denkerin

Hannahs Königsberger Schulzeit war insgesamt geprägt von Schulwechseln und fiebrigen Krankheiten. Man verließ am 23. August 1914 die Stadt, weil man befürchtete, sie könne von den vorrückenden russischen Truppen erobert werden. Die Luft war erfüllt von Geschichten über verbrannte Dörfer und massakrierte Menschen, der Angstruf «Die Kosaken kommen» weit verbreitet. Die Familie mußte vorübergehend nach Berlin übersiedeln, wo Hannah Arendt das Charlottenburger Lyzeum, eine Mädchenschule, besuchte. Schon im Herbst 1914 kehrte man freilich nach Königsberg zurück. Im September hatte die Schlacht bei Tannenberg den russischen Vormarsch gestoppt. Doch zurück an der Ostsee, begann eine rätselhafte Krankheitsserie. Martha Arendt hat deren Verlauf festgehalten. Hannah erhielt eine Zahnregulierung (November 1914) – und erkrankte dann vom März 1915 an immer wieder fieberhaften Affekten, nachdem Masern und Keuchhusten überstanden waren. Die Mutter notierte sich: «Fürchterliche Zeiten voller Angst und Sorge.» Gleichzeitig hielt sie die nachlassenden schulischen Leistungen ihrer Tochter nahezu in Panik fest. Beides: rätselhaften Erkrankungen in Form von Fieber, Nasenbluten und Halsentzündungen und die absinkenden Schulleistungen dauerten bis zum Ende des Jahres 1916 an. Nun stand die Zehnjährige bereits vor der Pubertät. Damit endet auch das Erziehungstagebuch der Mutter, im übrigen mit den Worten: «Ist schwierig und fängt an undurchsichtig zu werden.»

Um der Außensicht die Innensicht hinzuzufügen: Im Rückblick des Gaus-Interviews hat Hannah Arendt den Beginn ihrer eigentlichen intellektuellen Entwicklung auf ihr 14. Lebensjahr, auf das Jahr 1920, gelegt. «Ich kann dazu nur sagen: Philosophie stand fest. Seit meinem vierzehnten Lebensjahr.» Die Schülerin las Immanuel Kant und Søren Kierkegaard, ferner Jaspers' erste Arbeit über die «Psychologie der Weltanschauungen», 1919 erschienen. Vor allem vertiefte sie sich konsequent in griechische Poesie. «Ich habe immer sehr griechische Poesie geliebt. Und Dichtung hat in meinem Leben eine große Rolle gespielt. So nahm ich Griechisch dazu, weil das am bequemsten war. Das las ich sowieso.» Dennoch: Es läßt sich von Hannahs «typisch bildungsbürgerlicher» Sozialisation nur sprechen, wenn man eines miterwähnt – daß dieses Bürgerskind wegen eines, modern gesprochen, antiautoritären Oppositionsaktes von ihrer Königsberger Schule verwiesen wurde. Mit fünfzehn fühlte sich die Schülerin Hannah von einem jungen Lehrer, er galt als rücksichtslos autoritär, beleidigt. Ihre Antwort bestand darin, einen Unterrichtsboykott gegen den Beleidiger zu organisieren. Einen solchen Akt der Aufmüpfigkeit konnte die Luisenschule denn doch nicht tolerieren. Hannah wurde der Schule verwiesen. Alle dagegen unternommenen Bemühungen ihrer Mutter endeten diesmal erfolglos. Daher avancierte die Schülerin vorübergehend zur Studentin in Berlin, kam hier bei Freunden der Familie unter und hörte Griechisch, Latein und Philosophie (letzteres bei dem christlichen Existenzphilosophen Romano Guardini) an der hauptstädtischen Universität. Die Episode endete versöhnlich. Man einigte sich darauf, die Relegierte das Abitur als Externe ablegen zu lassen. Unter dem Tutorium von Adolf Postelmann, seines Zeichens Direktor der Höheren Schule für Jungen und ein Freund von Hannahs Mutter, gelang ein überzeugendes Abitur.

Diese Schul-Episode mag ankündigen, daß Arendt, bei aller eindeutigen und lebenslangen Ablehnung sozialistischer Gesellschaftsutopien, dennoch der späteren Studentenrevolte mit grundsätzlichem Wohlwollen gegenüberstehen würde. Sie war eben nicht nur eine Ausnahme-Schülerin, sondern auch ein wenig Rebellin. In der Episode blitzte ein Funke jenes absoluten Unabhängigkeitsverlangens auf, das dem rebellisch-anarchischen Geist Heinrich Blüchers gar nicht fern stand. Also vielleicht doch Verbindendes zwischen scheinbaren Gegenwelten? Schließlich werden sich beide in ihrer Befürwortung rätedemokratischer Gesellschaftsmodelle stets einig sein. Andererseits erhielt Hannah damals in Königsberg den Unterricht eines «klassischen» preußisch-deutschen Gymnasiums. Der umfaßte intensiv die alten Sprachen. Im Griechischunterricht erreichte diese Schülerin, immer unterstützt von ihrer Mutter, ein ganz erstaunliches Abkommen mit ihrer «Anstalt». Da Hannah den Nutzen des Zwangs bezweifelte, jeden Morgen um acht in der Schule auftauchen zu müssen, um Homer zu lesen, erhielt sie die Erlaubnis, einen eigenen Griechischzirkel zu bilden. Eine angehende Denkerin setzte auf diese Art nicht nur durch, was sie immer schon als ein Menschenrecht insbesondere des Intellektuellen angesehen hatte: das Recht auf ein ausführliches, in Muße verzehrtes Frühstück. Arendt, die lange brauchte, um aus ihrem oft alptraumgepeinigten Schlaf in den Tag hineinzufinden, wird lebenslang von solcher Frühstücks-Muße abhängig bleiben. Die Schülerin gewann ferner Abstand vom offiziellen Unterricht. Daß dieser auch an der Luisenschule vom Hurrapatriotismus, besonders während der Kriegsjahre, geprägt erschien, ist anzunehmen. Max Fürst beispielsweise berichtet über seine Königsberger Gymnasialzeit: «Wir erfuhren, daß der Krieg der Vater aller Dinge sei; darum hörten wir mehr vom Heldenzeitalter der Griechen, wobei die Spartaner die Lieblingsvorbilder unserer Lehrer waren ... Mit Cäsar begann schon der Verfall ... Überhaupt war ein Staat sofort vom ‹Verfall› bedroht, wenn er aufhörte, ein aggressiver Kriegerstaat zu sein.»

Der Krieg als Vater aller Dinge: Hannah Arendt wird später in ihrem Buch über das Wesen des Politischen nichts anderes als dieses geflügelte Wort als einen Ursprung erörtern. Heraklit, Fragment 53, besagt: «Der Krieg ist der Vater aller Dinge, der König aller Dinge.» Das hat auch Hannah Arendt hinreichend oft von ihren Lehrern zitiert bekommen, und sie nahm dieses Wort auf ihre Weise ernst. Ihre spätere Bestimmung des Politischen, «Was ist Politik?» vom August 1950, die einzige grundsätzliche, die sie geschrieben hat, auf deutsch entworfen und für den Piper Verlag gedacht, geht von Heraklits Wort aus. Um 1920 hat sie wohl auch Homer gelesen. Um diese Zeit gründete die Königsberger Oberschülerin (zusammen mit ihrem Vetter Ernst Fürst) ihren Griechischzirkel. Hier las man selbstverständlich auch die «Ilias». Die angesprochene Bestimmung des Politischen, von Hannah Arendt dreißig Jahre später entworfen, geht auf exakt diese Konstellation zurück: die Verbindung zwischen Heraklits Wort und Homers «Ilias». Die Verbindung gestiftet hat Schiller. Der Jenaer Professor der Geschichte hatte in «Das Siegesfest» («Priams Feste war gesunken / Troja lag in Schutt und Staub») auf die homerische Unparteiischkeit bei der Niederlage Trojas hingewiesen, und zwar mit Nachdruck und mit dem ihm eigenen Pathos:

«Weil des Liedes Stimmen schweigen / Von dem überwundnen Mann / So will ich für Hektorn zeugen – / Hob der Sohn des Tydeus an – / Der für seine Hausaltäre / Kämpfend, ein Beschirmer, fiel – / Krönt den Sieger größre Ehre, / Ehret ihn das schönre Ziel.»

Im Geiste Schillers – seine illustrierte Gesamtausgabe schmückte wie erwähnt die Bücherschränke der Königsberger Gebildeten – las die Heranwachsende Homer. Diese jugendliche Lektüre wird sie ein ganzes Leben nicht mehr vergessen. Die berühmte Exilantin sollte sich noch 1964 daran erinnern. Im Fernsehgespräch mit Günter Gaus zitierte Hannah Arendt die genannten Zeilen aus Schillers Gedicht. Ihre Erläuterung dazu: «Ich würde sagen, daß Unparteiischkeit – die ist in die Welt gekommen (mit) Homer.»

Das zentrale Prinzip der Polis – und das aller Politik seit den Gründungszeiten der Griechen – lag beschlossen in der Homerischen Darstellung des Kriegs. Die Formulierungen, die dann die erwachsene Hannah Arendt wählen wird, vibrieren gleichsam immer noch von den Sensationen dieser allerersten Entdeckung: «Es ist schon unerhört genug, daß Homer den Ruhm der Unterlegenen singt und also im rühmenden Gedicht selbst zeigt, wie ein und der selbe Vorgang zwei Seiten haben kann und wie der Dichter, ungleich der Wirklichkeit, nicht das Recht hat, mit dem Sieg der einen die andere Seite gewissermaßen zum zweiten Mal nieder- und totzuschlagen.»

Diese «unerhörte», «geistig-poetische Zweiseitigkeit und Unparteiischkeit des Homerschen Gedichtes» gerät der späteren Totalitarismus-Kritikerin zum Wesen alles wahrhaft Politischen. Die Fähigkeit, den Standpunkt des anderen einzunehmen und ihn in seiner relativen Berechtigung auch anzuerkennen, das diskursive «Herumgehen» um die verhandelten Gegenstände, gerät zum Ursprung alles Politischen. Arendt konnte daher schließen: «Dies scheint nun doch um ein Vieles unerhörter; denn nun ist es, als habe am Anfang abendländischer Geschichte wirklich ein Krieg im Sinne des Heraklit stattgefunden, der der ‹Vater aller Dinge wurde› … Seither gibt es für uns … in der geschichtlich-politischen Welt nichts mehr, das nicht erst dadurch zum … Vorgang in voller Wirklichkeit würde, … wenn es sich von allen Seiten gezeigt hat und von allen in der Menschenwelt möglichen Standorten zur Kenntnis und Artikulation gelangt ist.» Auf diese Art und Weise wuchs der Denkerin als ein Produkt ihrer bildungsbürgerlichen Sozialisation zu, was der Gefährte

Heinrich Blücher als Quintessenz des legendären proletarischen Berliner Straßenlebens erworben hatte: Weltläufigkeit im Sinn einer existentiellen Erfahrung von der notwendig gegebenen Mehrperspektivität aller Dinge.

Blüchers «Kriegs-Not-Abgangsprüfung»

Heinrichs Oppositionsgeist schulte sich zwar in der Auseinandersetzung mit der Schule, doch am meisten prägte den Heranwachsenden der Krieg. Blüchers Erinnerungen halten fest, wie er mit einem Begabtenstipendium auf eine Präparanden-Anstalt in Striegau (Schlesien) kam und hier zum Volksschullehrer ausgebildet wurde. Mutter, Verwandte und Berater hatten unisono dafür gestimmt. Doch der künftige Lehrer «erlebte gerade in dem Fach, das (ihn) am meisten interessierte – nämlich Geschichte – die erste grosse Enttäuschung: die preussisch-deutsche Geschichtslegende. Im Protest dagegen wurde jede freie Stunde eigenem historischen Studium gewidmet.»

Auf diese Weise begegnete Heinrich einem Thema, das ihn, so ambivalent wie kontrovers, einen großen Teil seines Lebens beschäftigen sollte. Er traf auf die Lesart deutsch-preußischer Geschichte, wonach der (expansive) Krieg und die preußisch-deutschen Krieger-Könige die Väter aller Staatenbildung und dauerhaften Kulturordnung gewesen sein sollen. Der SPD-nahe Historiker Franz Mehring hatte diese Geschichtsauffassung, die «Preußen-Legende», bereits scharf kritisiert. In Blüchers Schulzeit diente sie als Schlachtfeld für verschiedene historische Schulen und als Zankapfel zwischen dem erstarkenden Marxismus und den bürgerlichen Wissenschaften, zwischen der Sozialdemokratie und den bürgerlichen Parteien. Heinrich – immer seinen eigenen Aufzeichnungen zufolge – prallte im Laufe der weiteren Ausbildung immer wieder mit dieser Legende zusammen. Schon bald jedoch wurde der Weltkrieg selbst zu seinem keineswegs mehr akademischen Lehrmeister. Heinrich, sieben Jahre älter als Hannah, erlebte als krude Realität, worüber an Königsberger Gymnasien hochgemute Lehrer patriotischen Unterricht erteilten. Der Mann wurde Ende 1917 von der «Schulbank herunter in den Krieg gezogen». Er erlebte den Ersten Weltkrieg, der die soziale Ordnung des bürgerlichen 19. Jahrhunderts in ganz Europa auflöste, besonders intensiv in dessen eigener Auflösungsphase. Sah, wie der verlorene Krieg in Deutschland in Straßenkämpfen, versuchter Revolution und Bürgerkrieg endete – in einem der Zentren des damaligen Geschehens, in Berlin.

Nun besitzen wir, wie gesagt, kaum Aufzeichnungen Heinrichs, auch keine über seine Erlebnisse in Krieg und unmittelbarem Nachkrieg. Doch wiederholte er das eigene Fronterlebnis später in seiner Lektüre des William Faulknerschen Kriegsromans «A Fable». Faulkner hatte als Flieger am Ersten Weltkrieg teilgenommen und dieses Erlebnis im Roman gestaltet. Am Bard College, Heinrichs späterer akademischer Arbeitsstelle, erzählte man sich, daß Blücher so etwas wie Faulkners einziger authentischer Leser sei. Nur dieser Deutsche, selbst Teilnehmer am Ersten Weltkrieg, könnte nachempfinden, was Faulkner sagen wollte. Diese singuläre Fähigkeit zur Faulkner-Lektüre gehörte später zu Blüchers ureigener Legende – zusammen mit der am College ebenfalls verbreiteten Version, er selbst sei während des Ersten Weltkriegs Offizier gewesen. Professor Blücher hat beidem niemals widersprochen.

Faulkners Roman ist vielschichtig. Sicher scheint nur: Das Buch spielt im letzten Jahr des Ersten Weltkriegs. In der Haupthandlung geht es um eine Meuterei in einem französischen Regiment und gleichzeitig in einem deutschen. Die Meuterei will dem Krieg selbst die Grundlage entziehen – ein anarchistisches Thema. Zumal die obersten Befehlshaber der feindlichen Parteien einvernehmlich den Krieg weiterzuführen beschließen – als sei jeder Krieg besser als Chaos. Wer möchte, kann das Buch also als ein Lob der Anarchie in ihrer humanisierenden Wirkung gegenüber den «Materialschlachten» der Herrschenden verstehen. Faulkners eigene Äußerungen deuten in diese Richtung. Blücher, der ernüchterte Kriegsteilnehmer, hat sich jedenfalls in der Welt von «A Fable» zu Hause gefühlt: «Aufenthalt in Kasernen, Lazaretten und kurzer Aufenthalt an der Front, häufiger Wechsel der Truppe wie in der letzten Kriegszeit schon üblich war, gaben mir ein reiches Bild der Sorgen, Nöte und Empfindungen aller deutschen Volksschichten im Heer. Es war die Zeit, wo sich die große Auflösung vorbereitete.» Heinrich lag zuletzt mit einer Gasvergiftung in einem Lazarett, ein generationstypisches Westfronterlebnis. Der Lazarettaufenthalt vereitelte seine geplante Teilnahme an einem Offizierslehrgang.

Blücher zog damals die Konsequenzen aus dem Erlebten, als er nach dem Waffenstillstandsabkommen vom November 1918 nach Berlin zurückkehrte, um sich den Soldatenräten anzuschließen. «Der Zusammenbruch der Armee, der Sturz des Kaiserreiches und die lendenlahme Erhebung der Republik in einem Lande ohne demokratische Tradition – alles das erlebte ich im Kulminationspunkt, nämlich in den Wirren der Berliner Bewegungen jener Zeit.» Die Soldatenräte beteiligten sich, zusammen mit den überall gebildeten Arbeiterräten, an den antimonarchistischen Novemberaufständen, die zur Proklamation der Republik führten. Blücher gehörte den Spartakisten an, die unter der Führung von Rosa Luxemburg und Karl Liebknecht standen. Ende des Jahres 1918 konstituierte sich, aus dem Zusammenschluß des Spartakusbundes mit revolutionären Gewerkschaftskräften, die Kommunistische Partei Deutschlands.

Heinrich wurde Mitglied. Von den Spartakisten und deren Rätegedanken ausgehend, stieß er zu den Kommunisten. Der Basisdemokrat und Anarchist geriet also ausgerechnet an die Partei, die sich in den folgenden Jahrzehnten durchgreifend verwandeln sollte. Eng befreundet war er damals mit Heinrich Brandler, einem Politiker. Brandler, seit 1901 Mitglied der SPD, hatte den sozialdemokratischen Bildungsverein in Hamburg und Bremen geleitet. Nach seinem Ausschluß aus der SPD wurde er 1915 zum Leiter der Spartakusgruppe in Chemnitz bestellt. Nach 1919 Mitglied der KPD-Zentrale in Berlin, 1921 deren Mitvorsitzender, floh er nach einer Verurteilung in Deutschland für etwa ein Jahr in die Sowjetunion, um dann als KPD-Vorsitzender (nach Paul Levi) 1923 den Umsturz in Deutschland vorzubereiten. 1924 abgesetzt, sein Stern war zusammen mit dem Trotzkis gesunken, wurde er im Jahr 1929 wegen «Rechtsabweichung» ausgeschlossen. Blüchers Freund wurde derart zu einem prominenten Opfer der schnell fortschreitenden Bolschewisierung. Brandler wie Blücher als Kommunisten der ersten Stunde gerieten zunehmend in Opposition zu einer Partei, die im Verlauf der zwanziger Jahre immer deutlicher zur totalitären Staatspartei Stalinschen Typs wurde. Daß sie einmal mit Rosa Luxemburg basisdemokratische Ansprüche und die Freiheit des Andersdenkenden als Grundbedingung proklamiert hatte, war bald vergessen. Wie immer sich Blüchers Freundschaft mit Brandler im Verlauf der zwanziger Jahre auch abkühlte, Brandler die «Bohemisierung» Blüchers mit zunehmender Schärfe kritisierte – beider Beziehung versetzte Blücher doch in die Lage, schon früh interne Informationen über die Zustände in der Sowjetunion und den kommunistischen Parteien zu erhalten. An der Person Brandlers, der nach Moskau zitiert und immer mehr zur Marionette der Komintern gemacht wurde, um sich schließlich durch die Gründung einer eigenen Partei (der KPD-Opposition, der auch Willy Brandt für kurze Zeit angehörte) dagegen zu wehren, erlebte Arendts späterer Gefährte die Stalinisierung des internationalen Kommunismus mit – so nah wie authentisch.

Innerhalb der Partei besaß Blücher durch seine besondere Redegabe gewisse Vorteile. Doch längerfristig mußte ihm das Vertrauen der Führung fehlen. Denn er, der nach Kriegsende die Klassiker entdeckte und neben Marx und Engels nun Shakespeare (in deutscher Übersetzung) las, wurde vor allem durch die Werke Leo Trotzkis überzeugt. Dieser Tatbestand, in endlosen Parteidiskussionen erörtert, prädestinierte ihn von Anfang an zu einem mißtrauisch überwachten potentiellen Abweichler. Hannah Arendt ihrerseits wird im Zusammenhang mit der damaligen Entwicklung der KPD von «moralischer Zersetzung» und «politischer Desintegration» sprechen. Die Königsbergerin sah im Verlauf der Bolschewisierung der KPD jene Elemente nach oben gespült, die aus der «Gosse» kamen und dem organisierten Pöbel in der NSDAP entsprachen (so in ihrem Essay über Rosa Luxemburg).

Doch die Politik gab lediglich die eine Seite von Blüchers Berlinerfahrung ab. Im Berlin der zwanziger Jahre stand die Revolution in den Künsten (und Wissenschaften) stets gleichberechtigt neben der politischen. Die beiden Musenbrüder Gilbert und Blücher schlossen sich in der damaligen europäischen Kunsthauptstadt dem Kreis um den Naturalisten Arno Holz an. Holz' Literatur bezog Umgangssprache und gesellschaftliche Themen ebenso wie Großstadtbilder und sozialrevolutionäre Bekenntnisse programmatisch mit ein in ihren Versuch einer vollkommenen, minutiösen Erfassung der Wirklichkeit. Diese Seite des Holzschen «konsequenten Naturalismus» stieß auf verwandte Interessen bei den Freunden. Doch Blüchers mannigfache Talente befähigten ihn zum Beackern noch ganz anderer Felder. Im damaligen Berlin blühte zum Beispiel neben der experimentellen Kunst die Psychoanalyse ganz mannigfacher Schulzugehörigkeit. Der Freudsche Psychoanalytiker Dr. Fritz Fränkel, den Adlers Lehre von der Kompensationsfunktion der Neurosen tief beeindruckt hatte, stellte Heinrich für kurze Zeit als Assistenten ein. Wie weiland Dr. Eisenbart kurierten die beiden einmal eine Patientin. Die Frau hatte sich nach der Geburt ihres (siebenten!) Kindes geweigert, das Bett zu verlassen und jemals wieder zu sprechen. In Dr. Fränkels Praxis wurden der Unglücklichen buchstäblich Beine gemacht, vermittels brennender Putzlumpen. Im Vollzug der Therapie fiel dem Assistenten die Aufgabe zu, das Kerosin in Brand zu setzen. Blücher hat sie bewältigt, offenbar ohne größere Skrupel. Fritz Fränkel samt Ehefrau gehörte später zum «Stamm» des Ehepaares Arendt–Blücher, und zwar in den Tagen der Pariser Emigration ebenso wie in denen des späteren Lebens in New York.

Kriegsende und das Berlin der zwanziger Jahre boten dem jungen Mann Blücher also mannigfache Anregungen. Auch wurden er und Gilbert mit dem Maler Karl Heidenreich bekannt, der später ebenfalls nach New York emigrierte. Heidenreichs expressionistische Kunst erfüllte alle Merkmale dessen, was dann die Nazis unter «entarteter Kunst» verfolgen würden. Er arbeitete im damaligen Berlin, aber auch viel für den Film, verfertigte Bühnenbilder für die Universum Film AG oder für die Babelsberger Ufa. Das verband ihn mit Blücher, der seinerseits manche Filmkritik schrieb und begeisterter Kinogänger war. Auf diese Weise prägte der Film, dessen Aufkommen wesentlich zur Signatur des Berlins der zwanziger Jahre gehörte und der zum Beispiel Walter Benjamin zu einem berühmten Essay über das Schicksal des Kunstwerks «im Zeitalter seiner Reproduzierbarkeit» veranlaßte, auch Heinrich Blücher und seinen Kreis. Aus jenen Jahren rührte Blüchers lebenslange Leidenschaft für Filmmusik und für Schlager, rührte ferner sein fulminanter Gedächtniskatalog für filmische Ereignisse aller Art – Erfahrungsbereiche, die der Königsberger Gymnasiastin Hannah eher fremd geblieben waren.

Hannah Arendt war gerade während der zwanziger Jahre in einer ganz anderen Welt zu Hause. Statt Politik, Film und moderne Malerei spielten bei ihr deutsche Gedichte, alte Sprachen und klassische Philosophie die entscheidende Rolle. Die intellektuelle Entwicklung der Abiturientin und späteren Studentin in Freiburg und Marburg erscheint um ein vieles deutsch-innerlicher geprägt als die ihres Berliner Gefährten. Hannah Arendt wollte von der Gediegenheit und denkerischen Tiefe der (akademischen) Provinz profitieren, während Heinrich sich im schnellebigen Zentrum der Moderne auf dem Quivive hielt. Bereits die Oberschülerin Arendt muß in jeder Hinsicht eine selbständige, frühreif entwickelte Persönlichkeit gewesen sein. Mit siebzehn Jahren befreundete sie sich mit dem fünf Jahre älteren Ernst Grumach, für den sie dann und wann schon einmal die Schule schwänzte. Die beiden wurden durch das Interesse für alte Sprachen und Lyrik zusammengehalten. Das Paar schrieb Gedichte, für- und miteinander. Darüber, ob diese Freundschaft auch eine irdische, erotische Dimension enthielt, wurde in beider Umgebung heftig spekuliert. Hannahs sehr selbständiger Lebensstil, ihre ausgefallenen Lerngewohnheiten erregten durchaus auch Mißtrauen und Neid. Sie verfügte jetzt (die Mutter hatte erneut geheiratet) über ein eigenes Zimmer im Beerwaldtschen Haus an der Busoldtstraße, wo sie auch den erwähnten Griechischzirkel abhielt. Wenn man so will: Diese Schülerin unterhielt im Keim bereits einen eigenen Salon wie vor ihr Rahel Varnhagen.

Andererseits lebte Hannah schon damals eine «Paria»-Existenz im Sinn ihrer eigenen späteren Definition. Gab sie doch die bemerkenswerte Außenseiterin ab, die bereits als siebzehnjährige Oberschülerin ihr Leben nach eigenen Regeln ausrichtete – und dennoch auf Anerkennung und Duldung der sie umgebenden Welt der Normalbürger angewiesen blieb. Der Schulverweis stand neben dem eigenen Griechischkurs; der Studienaufenthalt an der Berliner Universität neben der benötigten Sondergenehmigung zum Ablegen des Abiturs als Externe. Der, in Ansätzen, eigene Salon stand neben ihrer Abhängigkeit vom Wohlwollen der schulischen «Anstalt». Versucht man diese Existenz mit Arendts eigenen Denkbildern zu beschreiben, verfällt man auf das Bild des Kafkaschen Landvermessers, an dessen Beispiel dann die Denkerin (im Essay «Die verborgene Tradition») die Paradoxien der «Paria»-Existenz beschreiben wird. Hannahs genialische Sendung bestand demnach darin, die Normalwelt neu zu vermessen, aber nur, um den Alteingesessenen auf diese Art und Weise deren Dignität und Legitimität aufs neue zu bestätigen – während die Eingesessenen ihrerseits den Außenseiter ablehnen und verfolgen, gerade weil sie dessen besondere Begabung ahnen. Darin verkörperte sich bereits in der Oberschülerin beides: Schillers «Mädchen aus der Fremde» ebenso wie der Landvermesser aus Kafkas «Schloß», zwei ganz hervorragende Beispiele für Arendts Selbstidentifikation über die Literatur.

Die Muse als Paria oder auch: der Paria als Muse bereits im frühen, noch oberschülerhaften Bewußtsein dieser Frau? Fest steht, daß in Arendts Selbstbild seit ihren Mädchentagen keineswegs nur der Wunsch, Anregende zu sein, mitschwang, sondern sehr entschieden auch ein «landvermesserischer» Aspekt. Die Oberschülerin litt unter ihrer Andersartigkeit und stellte sie zugleich demonstrativ aus. Der Tatbestand scheint mir, unter anderem, für das erhebliche Selbstbewußtsein einer jüdischen Elite zu sprechen, die auf dem Feld der deutschen Kultur zu ganz bedeutenden Leistungen beigetragen hatte – und dennoch die eigene Ausgeschlossenheit immer wieder zu spüren bekam. Im paradoxen Rahmen einer solchen Existenz bestand die Königsberger Schülerin im Frühjahr 1924 ihr externes Abitur mit Glanz. Die Abiturientin, vor Jahren von der Schule relegiert, war nun ihrer Klasse sogar um ein Jahr voraus – und hatte keine Hemmungen, ihre Genugtuung darüber auch öffentlich durchblicken zu lassen. Ihr erfolgreiches Abitur genoß die 18jährige als ersten großen Erfolg – und hatte doch teuer dafür bezahlt. Gegenüber ihrer sehr guten Freundin Anne Mendelssohn – mit der sie sich einst bekannt gemacht hatte, weil sie den Namen des großen deutsch-jüdischen Aufklärers Mendelssohn trug – gestand Hannah später ein, daß das Abitur eine der angstvollsten Erfahrungen ihres Lebens überhaupt gewesen sei. Das sprach jemand aus, der inzwischen durch die Emigration, das Verhör der Nazis und ein französisches Internierungslager gegangen war. Es sprach aber eben auch jemand aus, der vom Lampenfieber vor öffentlichen Auftritten lebenslang wie geschüttelt war. Ein Lebensmuster, ausgeprägt bereits im schulabschließenden Abitursauftritt: daß Arendt ihre Vorträge, Interviews und Lehrveranstaltungen stets überzeugend absolvieren wird – daß sie dafür aber mit zum Teil wochenlang vorauseilendem, paralysierendem Lampenfieber zu bezahlen hatte.

Frühe Liebe zu Martin Heidegger

Ausgestattet mit solchen Außenseiter-Erfahrungen; ein «Mädchen aus der Fremde», aber mit Kant und Kierkegaard als bereits erworbenem Lesestoff, mit der Existenzphilosophie seit Guardinis Berliner Vorlesungen bekannt, stieß die junge Studentin 1924 auf die Texte und die Person Martin Heideggers. Der Königsberger Abiturientin standen die Fragen des Gefühls und der (Selbst-)Erkenntnis immer noch vor denen aller Politik. Daher hat, was Hannah zu Zeiten ihres Studienbeginns bewegte, vor allem in (eigenen) Gedichten seinen Ausdruck gefunden, im romantischen, gar nicht so außergewöhnlichen, diffusen und fast komischen Gefühlsüberschwang einer 18jährigen.

Im Winter 1924 etwa entsteht, noch an den Schulfreund Grumach gerichtet, «Im Volksliedton»: «Sehn wir uns wieder / Blüht weißer Flieder, / Ich hüll dich in Kissen / Du sollst nichts mehr missen.» Der Freund der Freundin unfreiwillig als bettlägeriger Rekonvaleszent. Hannah aber, der immer der Anfang erkennbar nicht leichtfiel, wird ihre Gedichtproduktion ihr gesamtes Leben hindurch beibehalten, sie kontinuierlich verbessernd. Mit allen, die sie liebte, wird diese Frau im Gedicht kommunizieren. Das gilt von Ernst Grumach über Martin Heidegger und Günther Stern bis hin zu Heinrich Blücher. Aus dem gleichen Winter 1924, die Abiturientin war da bereits zu einer Marburger Studentin avanciert, stammen die Zeilen: «Ich hab nichts vergessen, / Ich kenne die Leere, / Ich kenne die Schwere, / Ich tanze, ich tanze, / In ironischem Glanze.» Søren Kierkegaard, womöglich bereits eigene Nietzsche-Lektüre, klangen durch.

Eine 18jährige wandte sich damals in Marburg dem Studium der Philosophie (bei Heidegger), der Theologie (bei Rudolf Bultmann) und des Griechischen (ebenfalls bei Bultmann) zu. Die philosophische Szene dieser Jahre war beherrscht vom Kampf des Materialismus, Empirismus, Positivismus etc. gegen die verschiedenen Spielarten des Neu-Kantianismus. Die akademische Philosophie hatte sich der Sehnsucht nach einer neuen, absoluten Lehre ergeben. Man hoffte auf die Rückkehr zu gesichertem, kanonisiertem Wissen, erstrebte eigentlich eine Neugeburt der Metaphysik. Dagegen gewann ein Mann sein durchaus rebellisches Profil: eben Martin Heidegger, der schon damals als ein, so jedenfalls die Worte seiner Schülerin Arendt, «heimlicher König im Reich des Denkens» erschien. In den süddeutschen Universitätsstädten schien versammelt, was die angehende Studentin sich ersehnen mochte: Edmund Husserls Phänomenologie als moderner, nichtspekulativer Zweig der Philosophie. Ferner eben Martin Heidegger, damals noch Husserls Lordsiegelbewahrer – ein charismatischer Lehrer, zu dessen Anziehungskraft nur noch beitrug, daß sich seine Hörer nach der Vorlesung versammeln konnten, um zu ergründen, was der Meister denn heute wohl gemeint habe. Heidegger trat zudem als ein Mantiker der Sprachzergliederung auf, betrieb seinen Kampf gegen die Metaphysik noch ganz im Sinn seines Mentors Husserl, wobei das Versprechen «Zurück zu den Sachen selbst!» lautete. In seiner jugendlichen Zuhörerin Hannah Arendt entzündete die Leidenschaft für das Denken eine Leidenschaft für den Mann, und das gleich bei der ersten Begegnung.

Die beiden wurden im Februar 1924 näher miteinander bekannt. Arendt war zu einem Gespräch in Heideggers Büro geladen. Sie tauchte mit einem ausgesprochen verwegenen Hut und dennoch sehr schüchtern auf. Dieser Hut, ihre geheimnisvollen dunklen Augen darunter, werden dem Philosophen lebenslang in der Erinnerung bleiben. Seine späteren Briefe erwähnen mehrfach den magischen Moment; Hannah selbst wird, gewiß als Bekräftigung ihrer Liebe zu Heinrich, diese Einzelheiten dem Berliner später berichten. Heidegger umwarb nach der Besprechung die Studentin in einem Brief, der seine Gefühle deutlich durchscheinen ließ und sich dennoch taktvoll-zurückhaltend, altväterlich-diskret gab. Ein stilistisches Meisterwerk, das die junge Reimeschmiedin beeindruckt haben muß. Seine Briefe und vor allem seine (bislang ebenfalls unveröffentlichten) Liebesgedichte, die in ihren überzeugendsten Exemplaren Rilkesche Intensität durchaus erreichen, haben zusätzlich das ihre getan, die 18jährige zu fesseln. Bereits wenige Tage später war man miteinander intim, in eine Affäre verstrickt, die durchgehend von seinen Bedürfnissen bestimmt erschien. So begann, was Hannah später selbst ihre «erste Liebe» nannte (Brief an Fr. P. Riches vom 21. 8. 1974). Heidegger war damals ein verheirateter Mann, Vater zweier Söhne und Anwärter auf eine bedeutende akademische Karriere. Die beiden Liebenden entwickelten ein kompliziertes Zeichensystem. Zugesteckte Briefe, eingeschaltete oder gelöschte Lampen, geöffnete oder geschlossene Türen spielten damals in Marburg die Rolle des geheimen Postillon d'amour. Immer wieder versichern ihre Briefe ihm, daß sie ihn mit ihrer Liebe nicht beschweren will. Er läßt es sich gefallen, um sie dann nach rund einem Jahr nach Freiburg, zum Kollegen Jaspers, abzuschieben – was ihn aber umgekehrt nicht hindert, sich mit ihr auch weiterhin zu treffen. Sie ist ihm in allem zu Willen.

Man kommt an der Erkenntnis nicht vorbei: Martin Heidegger muß einen Traum dieser deutschen Jüdin erfüllt haben, mit imperativer Faszinationskraft. Vom späteren, zeitlich begrenzten Engagement dieses Mannes für die Nazis war damals noch nichts zu bemerken. Von Hannah Arendt als damals 18jähriger Studentin zu verlangen, sie hätte sich von Heidegger aus politisch-ideologischen Gründen fernhalten sollen, erscheint schlicht absurd. Der Philosoph stand an der Grenze des Genialen, trat bürgerlich unkonventionell und als ein Rebell in seinem Fach auf – ein zumeist braungebrannter Skifahrertyp, dessen Kleidung zwischen Schwarzwälder Bauerntracht und Boheme schillerte. Dieser Mann konnte mit Skiern auf den Schultern an der Universität auftauchen und war gleichwohl von der Aura des außerordentlich gelehrten Lehrers umgeben. Nicht lediglich die Philosophie und ihre Geschichte, das Denken selbst sollte der Philosoph lehren können. Noch aus dem Abstand des «Dritten Reichs» heraus, bereits im New Yorker Exil lebend, hat Hannah Arendt die Momente vor der Begegnung, die schon eine erotische Vereinigung ahnen ließen, erneut lebendig werden lassen. In «Martin Heidegger ist achtzig Jahre alt» wird nichts anderes als die Begegnung mit einem Mythos erinnert: «Das Gerücht, das sie nach Freiburg zu dem Privatdozenten und etwas später nach Marburg lockte, besagte, daß es einen gibt, der die Sachen, die Husserl proklamiert hatte, wirklich erreicht ... Das Denken ist wieder lebendig geworden, die totgeglaubten Bildungsschätze … werden zum Sprechen gebracht …» Die traditionelle Entgegensetzung von Vernunft und Leidenschaft erschien obsolet. In Hannahs Affäre mit Heidegger lebte gewiß die «Vorstellung von einem leidenschaftlichen Denken, in dem Denken und Lebendigsein eins werden …» – eine wahrhaft existentialistisch begründete Liebe?

Jedenfalls eine Liebesbeziehung, in deren Erotik avantgardistisches Denken und ekstatisch genossenes Gefühl miteinander verschmolzen. Heidegger, an «Sein und Zeit» schreibend, probierte sich in der Beziehung zu der betörend schönen Studentin gleichsam existentiell aus. Sie wurde zur Muse seines vielleicht wichtigsten Buches; darin hat er sie ernst genommen. Daß beider Liebe die «Passion» seines Lebens war, hat er später sogar seiner Frau gegenüber unterstrichen. Man schrieb einander Gedichte und poetische Liebesbriefe. Auf Heideggers höchst intensive Verse hat Hannah damals mit Zeilen wie den folgenden zu antworten vermocht: «Warum gibst du mir die Hand / Scheu und wie geheim? / Kommst du aus so fernem Land, / Kennst nicht unsern Wein?» Das sind doch Verse von ganz anderem poetischen Kaliber als die bemühten Reimereien noch der Abiturientin.

Andererseits betonen die «Schatten», ein Text, den Hannah Arendt handschriftlich im Sommer 1924 als einen Selbsterklärungstext, auch als verschlüsseltes Selbstporträt für ihren Geliebten geschrieben hat, ihr Gefühl, bislang kaum existent, jedenfalls nicht lebendig, noch keinesfalls mit sich selbst identisch zu sein. Von der Begegnung mit dem charismatischen väterlichen Geliebten erhoffte die Studienanfängerin sich eine Verwandlung der gesamten Existenz. «Ihre Ungelöstheit und ihre Unaufgeschlossenheit verwehrten es ihr mit Geschehnissen anders umzugehen, als mit dumpfem Schmerz oder träumerischer, verwunschener Verbanntheit.» Sehnsucht und «Angst vor dem Dasein überhaupt» (so erneut in «Schatten») sollten durch schlichten Naturgenuß, durch philosophisches Gespräch und das Aufblühen des Flieders an der alten Stadtmauer, schließlich durch die gemeinsamen Erlebnisse von Sonnenschein und Regensturm kuriert werden. Eine deutsch-romantische Affäre. Auf ihrer Seite schwang darin die melancholische Sehnsucht des Parias mit, der sich wünschte, endlich nach Hause gelangen zu können im Sinn des sattsam bekannten Eichendorffschen Gedichts über den nächtlich-mondüberglänzten Heimflug einer Seele. Ihr Unbehaustsein hoffte diese Studienanfängerin kurieren zu können. Ein Unbehaustsein, das gewiß in mehr als in Hannahs Entfernung von der Heimatstadt begründet lag.

Hat Arendt sich in Kafkas Selbstgefühl, zwar deutsch zu schreiben, und das ganz ausgezeichnet, dennoch aber vom «eigentlichen Wesen» der deutschen Sprache als Jude ausgeschlossen zu sein, wiedererkannt? Bereits 1912 hatte der Berliner Redakteur Moritz Goldstein im vielgelesenen «Kunstwart» eine derartige Analyse unter dem Titel «Der deutsch-jüdische Parnaß» vorgelegt. Der Artikel machte seinerzeit Furore. «Aber mögen wir uns immerhin ganz deutsch fühlen, die andern fühlen uns ganz undeutsch», hatte Goldstein geschrieben. Hatte weiter ausgeführt, daß jüdische Intellektuelle zwar zu den hervorragendsten Hütern deutscher Kultur geworden seien – und ihnen dennoch die antisemitischen Ausgrenzungen immer stärker fühlbar würden. Ferner verfügten die in Deutschland lebenden Juden über keinerlei nationale Literatur oder Sprache, sich darauf zurückzuziehen. Ihnen verbleibe, so immer noch Goldstein, als Sprache nur das Deutsche. Moritz Goldstein hatte weiter geschrieben: «Wir Juden verwalten den geistigen Besitz eines Volkes, das uns die Berechtigung und die Fähigkeit dazu abspricht.» Dieser Satz war damals gesperrt gedruckt worden. Und er galt nicht nur für Kafka, sondern auch für Hannah Arendt. Sie hat diesen Artikel nicht nur gelesen und in ihrem

Kafka-Essay angesprochen, sondern sich Exzerpte daraus aufbewahrt (die heute im Archiv der Library of Congress liegen).

Daß Arendt womöglich durch ihre Bekanntschaft mit Kurt Blumenfeld – sie wird sich 1927/28 in Heidelberg erneuern – mit den Schriften Goldsteins bekannt wurde, spricht nicht dagegen, Hannahs Liebe zu Heidegger im Lichte der Goldsteinschen Gedanken zu betrachten. Kann man nicht annehmen, daß Martin Heidegger für die Jüdin aus Königsberg nicht nur die faszinierende, auch erotisch attraktive Verkörperung der Leidenschaft zum Denken, sondern daß er ihr darüber hinaus mittels der Aufspaltung der Worte einen besonderen Zugang zu den Tiefen der (deutschen) Sprache verhieß? Diese Denker philosophierte mit und in der Sprache. Besprach mit den Schwarzwälder Bauern während seiner häufigen Aufenthalte in der selbstgezimmerten Hütte in Todtnauberg die Besonderheiten des Seins; im Dialekt gewiß. Ihm nahezukommen konnte durchaus bedeuten, ins Wesen des Deutschen selbst einzudringen. Zudem zählte der Heimatliebhaber, Freizeitzimmermann und Skifahrer Heidegger durchaus zu der Gruppe der «männlichen Männer». Das hatte er auf verquere Weise mit dem Militärexperten Blücher gemeinsam. Die Romanze zwischen dem Meisterdenker und seiner Schülerin, er hatte sie auserwählt unter vielen, scheiterte ja damals keineswegs am Politisch-Ideologischen. Das Paar begriff vielmehr, daß es keine Zukunft besaß. Hannah wollte sich, Ende 1924, von Heidegger lösen. Doch ist er es, der sie dann Anfang 1925 gleichsam fortschickt, indem er ihr die Übersiedelung nach Heidelberg und die Promotion bei Jaspers vorschlägt. Der Mann wollte sein Leben nicht völlig aus dem Geleise bringen lassen. Für beider Verbindung galt, was Goldstein diagnostiziert hatte: «Unser Verhältnis zu Deutschland ist das einer unglücklichen Liebe: wir sollten endlich männlich genug sein, uns die Geliebte, statt ihr endlos kläglich nachzuschmachten, mit kräftigem Entschlusse aus dem Herzen zu reißen – und bleibe auch ein Stück Herz hängen.»

Was Goldstein geschrieben hat, besitzt seine Wahrheit auch für das Verhältnis der Exilautorin Arendt zu Martin Heidegger, dem späteren NS-Rektor. Ein Stück ihres Herzens blieb am Ende hängen. Denn für wen, wenn nicht für Hannah Arendt, sollte überhaupt gelten, was Goldstein für sich und die Seinen ausgeführt hatte: «Sind wir nicht aufgewachsen mit dem deutschen Märchen? Haben wir nicht mit Rotkäppchen und Dornröschen gespielt, waren wir nicht betrübt über Schneewittchen und froh mit den sieben Zwergen? Lebt nicht auch uns der deutsche Wald, dürfen nicht auch wir seine Elfen und Gnomen erblicken, verstehen nicht auch wir das Rauschen des Bachs und den Gesang der Vögel?» Daß dem so ist, dafür tritt Hannah Arendts eigener poetisch-romantischer Versuch «Die weisen Tiere» den Beweis an. Dieser Text wurde ebenfalls für Heidegger geschrieben. Arendts, wenn man so will: literarische Erzählung «Die weisen Tiere» – die einzige übrigens, die sie geschrieben hat, bislang blieb sie ungedruckt – verdeutlicht den Sachverhalt im Bild einer tolpatschigen jungen Gans, die sich in der Begegnung mit Pegasus zu einem strahlend schönen Vogel verwandelt. Das häßliche Entlein wird fähig, seiner Liebe nachzufliegen. Ein damals wahres Bild: Denn auch als Hannah Arendt und Heidegger «eigentlich» bereits getrennt waren, in den Jahren 1925 und 1926, war sie immer wieder bereit, zu ihm zu kommen. Er mußte nur rufen. Man traf einander auf kleinen Bahnhöfen und in abgelegenen Gasthöfen. Sie berichtete ihm beispielsweise von ihrer Affäre mit Benno von Wiese – eine unaufgelöste, sicher auch qualvolle Bindung, in der Tat sehr ähnlich jenem Verhältnis, das Frieda in Kafkas «Schloß» zum Schloßbeamten Klamm unterhält. Diesen Vergleich legt Arendts eigene Beschäftigung mit dem «Schloß» nahe; auch der Heidegger-Biograph Rüdiger Safranski zieht ihn. Zog eine ähnliche pariahafte Sehnsucht, wie sie K. immer wieder ins Schloß trieb, auch die deutsche Jüdin zeitweilig zu Martin Heidegger hin?

Studium in Freiburg und Heidelberg

Arendt setzte ihr Studiun in Heidelberg bei Karl Jaspers fort, unterbrochen von einem Wintersemester in Freiburg, in dem sie noch Husserl selbst hörte. Sie begann Abstand zu Heidegger zu gewinnen. Eines ihrer damaligen Gedichte, «Spätsommer», drückt dies so aus: «Ich denk an ihn und hab ihn lieb / Doch wie aus fernen Landen / ... Der Abend hat mich zugedeckt / So weich wie Samt so schwer wie Leid. / Und nirgends sich Empörung reckt / Zu neuer Freud und Traurigkeit.» Die Studentin hatte sich mit ihrem Schicksal abgefunden; meinte allerdings, nie wieder Liebe empfinden zu können. Erst die Begegnung mit Heinrich Blücher in Paris, rund zehn Jahre später, erlöst sie aus diesem Zustand.

In Heidelberg und Freiburg wuchs Hannahs Freundeskreis, was ihr ein wenig über den Verlust hinweghalf. Sie begriff, daß sie in Marburg allzusehr durch das eingeschränkt gewesen war, was sie selbst in den «Schatten» ihre «Hingegebenheit an ein Einziges» nannte. Auf die Isolation in einer absolut gesetzten Liebe folgte nun so etwas wie eine Öffnung zur Freundschaft mit vielen. Unter diesen vielen erschienen als die wichtigsten: Erwin Löwensohn, Essayist und expressionistischer Schriftsteller, mit dem die Königsbergerin eine kurze Liebesaffäre und dann eine lebenslange Freundschaft verband. Ferner der später bekannt gewordene Germanist Benno von Wiese, der sie zu Friedrich Gundolf ins Seminar brachte und von dem sie manche ihrer Kenntnisse von der deutschen Romantik und deren Salonkultur erwarb.

Ferner ein weiterer jüdischer Student, Hans Jonas, auch das der Beginn einer lebenslangen Freundschaft. Auch Jonas kam aus Heideggers Seminar, auch er würde später als Philosoph bekannt werden, auch er wird bei Hitlers Machtergreifung sein Heimatland verlassen müssen. Freilich: Im Unterschied zu Arendt hatte Hans Jonas bereits seit seiner Schulzeit das Hebräische erlernt. Er dachte zionistisch, und die Bekanntschaft mit ihm bringt Hannah jetzt dazu, sich zunehmend auf die eigenen jüdischen Ursprünge zu besinnen. Nach Abschluß der Dissertation wird sie sich der Biographie Rahel Varnhagens zuwenden. Statt der angestrebten vollständigen Assimilation nun also die stufenweise Rückbesinnung auf Eigenes. Von Jonas wissen wir auch, daß die Königsbergerin bereits beim Besuch von Rudolf Bultmanns Theologieseminar die Bedingung gestellt hatte, daß keinerlei antisemitische Äußerungen fallen durften. Und durch Jonas ist aus diesen Tagen eine weitere Epiosode überliefert: Hannah hielt sich in ihrem Studentenzimmer eine kleine Maus. Das Tier wurde jeweils nach Abschluß der abendfüllenden philosophischen Diskussionen aus seinem Loch gerufen, zur Fütterung. Solche Tierhaltung erschien extravagant und zeigte Mut zur Selbstinszenierung, ebenso wie jene Pfeife mit Messing-Mundstück, aus der Hannah damals gelegentlich rauchte. Freilich hat Jonas auch hinzugefügt: Diese Maus habe so allein und verloren gewirkt wie Hannah Arendt selbst.

Die Zeit schwankte zwischen Demokratie und Diktatur; noch war nicht ausgemacht, wohin die historische Reise gehen würde. In einem gewissen Sinn besaß sie ihren Mann in Karl Jaspers, Arendts neuem Lehrer. Jaspers und Heidegger verband damals noch gute Kollegenschaft. Freilich kam Jaspers aus der Psychiatrie, ein beargwöhnter Quereinsteiger, der in den Seminaren, die Hannah in ihren Heidelberger Jahren 1927 und 1928 bei ihm besuchte, durchaus die Frage danach stellte, was Philosophie denn überhaupt sei und in welchen Dimensionen sie sich zu bewegen habe. Auch Jaspers bediente sich der Methoden, die Husserl als «deskriptive» bezeichnet hatte. Was Jaspers besonders auszeichnete, waren seine Vorlesungen und Seminare, die er nachdrücklich auf Kommunikation hin anlegte. Seine Schülerin wird später von ihm sagen, er habe sie «zur Vernunft gebracht» – indem er ihr diese Vernunft in der Praxis vorgeführt habe. Doch Jaspers war zugleich auch ein Denker, der vom «deutschen Wesen» fasziniert war. Das wollte er 1933 noch retten. In komplizierter Weise stand dieser Mann mit seiner vulkanischen Produktivität mit der Atmosphäre dieser Umbruchsjahre in Verbindung. Erst später hat er sich von Heideggers Parteinahme im Zuge der Machtergreifung 1933 abgestoßen gefühlt und ihm die Freundschaft gekündigt. War er doch – in einer exemplarisch zu nennenden Ehe – mit einer Jüdin, Gertrud Mayer, verheiratet, die in vieler Hinsicht wie das direkte Gegenteil von Elfride Heidegger wirkte. In der Ehe der Jaspers war das Gespräch das wesentliche Element. Hannah wiederum hat ihre spätere Ehe mit Blücher unter diesem Aspekt ausdrücklich als ein Pendant dazu begriffen.

Im Herbst 1928 promovierte Arendt mit ihrer von Heidegger angeregten Arbeit über den «Liebesbegriff bei Augustin» bei Jaspers. In dieser Dissertation fallen zunächst einmal die Vielzahl lateinischer und griechischer Originalzitate ins Auge. Auch die – ganz offenbar gewollte – Annäherung an den Stil Heideggers macht die Arbeit für heutige Leser schwer zugänglich. Sie liegt inzwischen auch in englischer, von Arendt selbst besorgter Übersetzung vor. Wie immer Jaspers die Arbeit betreute, sie war eigentlich eher noch die letzte Frucht von Arendts Begegnung mit Heidegger. Das Augustinische «Ich will, daß du seist», nach dem Kirchenvater die einzig rechte Haltung gegenüber jedem geliebten Menschen, hatte zuvor nicht zufällig die erotisch-philosophische Erkennungsmelodie zwischen den beiden Marburger Liebenden ausgemacht.

Die Dissertation kann durchaus als eine philosophische

Aufarbeitung jener existentiellen Themen angesehen werden, die Hannah Arendt nicht nur in den «Schatten» beschäftigt hatten. Zeitformen wie Vergangenheit, Gegenwart und Zukunft werden weniger als Zeitformen, sondern als Erfahrungskategorien begriffen und damit «existentialisiert». Den unaufhebbaren Widerspruch aller großen Liebe: das Vergängliche als Bleibendes zu begehren – «denn alle Lust will Ewigkeit» hatte Nietzsche formuliert –, diagnostizierte Hannah Arendt auch bei Augustin. Auch dieser will die Ewigkeit als das Ziel aller Liebe (wo diese denn mehr ist als bloße «cupiditas», Begierde) verstehen. Für ihn erscheinen, so Hannah Arendts Dissertation weiter, Zeitlichkeit und Sein als Gegensätze: denn der Mensch kann nur sein, wenn er die Zeitlichkeit überwindet. Diese Grundspannung der Existenz findet sich ebenfalls in Heideggers Denken. Auch die Untersuchung der drei Formen von Zeitlichkeit – die Vergangenheit mit ihrem «nicht mehr», die Zukunft mit ihrem «noch nicht» und die dazwischen liegende Gegenwart, die in ihrer Mittellage alles oder nichts sein kann – erscheint für Hannah Arendts Dissertation ebenso fundamental wie für Heideggers «Sein und Zeit». Mit Augustin folgerte die Doktorandin schließlich, daß nicht Hoffnung und Begierde, sondern Erinnerung allein die Todesfurcht zu lindern vermag. In der Erinnerung sei die Grundspannung der Existenz aufgehoben. Augustin ist schließlich auch der Autor der «Bekenntnisse» und darin der Gründungsvater der modernen europäischen Selbstbiographie gewesen. Einzig in den reichen Palästen der Erinnerung vermag das Geschöpf dem Schöpfer zu begegnen – derart hat der Kirchenvater die archetypische Erfahrung aller Selbstbiographen formuliert. Erst im Herbst 1928, kurz bevor sie sich von Benno von Wiese trennte und nach Berlin ging, schloß Hannah Arendt ihre Dissertation endgültig ab. Die Studienzeit erschien in mehrfacher Hinsicht beendet. Mit ihrer Liebe zu Heidegger war auch ein Versuch gescheitert, «Heimat» zu finden. Ein, wenn man so will, individueller Assimilationsversuch war gescheitert. Die folgende Übersiedelung aus den noch ländlich geprägten süddeutschen Universitätsstädten nach Berlin unterstreicht dies auf ihre Weise.

«Lebensbeschreibung einer deutschen Jüdin»: Rahel Varnhagen

Zum Dr. phil. promoviert, will sich Arendt, erneut unter Jaspers' Anleitung, habilitieren, mit einem neuen Thema. Jenseits aller Pläne zu einer Professorenlaufbahn will sie sich schreibend mit der eigenen existentiellen Problematik auseinandersetzen. Dazu boten sich Lebensgeschichte und Existenzentwurf der deutschen Jüdin Rahel Varnhagen in besonderer Weise an – zumal für Hannah früh feststand, daß sie über nichts anderes als die deutsche Romantik schreiben wollte. Es dauerte ein rundes Jahr, bis aus dem Plan zu einem Romantik-Buch das Projekt einer Rahel-Biographie geworden war. Die Freundin Anne Mendelssohn hatte Hannah Arendt auf Rahel aufmerksam gemacht. Doch erst aus ihrer neu gefühlten Heimatlosigkeit nach der gescheiterten Liebe zu Martin Heidegger griff die Königsbergerin den Hinweis auf. Die Freundin vermachte ihr ihre Varnhagen-Sammlung; Hannah aber gewann eine weitere «beste Freundin», eine freilich, die schon seit über 100 Jahren tot war.

Seit 1930 also stand Hannahs Entschluß fest, eine Monographie über Rahel Varnhagen zu schreiben. Der Entschluß vollzog in gewisser Weise bereits ihren Abschied von Deutschland – die letzten Kapitel schrieb sie jedoch erst 1938 im Pariser Exil, aus einer neugewonnenen Perspektive zionistischer Kritik heraus. So wurde die Varnhagen-Biographie, freilich ohne daß der Sachverhalt bereits 1930 absehbar gewesen wäre, zugleich zu einem Denkmal über die an Produktivität und revolutionärer Geistigkeit geradezu bestürzend reiche Tradition deutsch-jüdischer Geistigkeit. Natürlich gab es mehrere existentielle Gemeinsamkeiten zwischen der Autorin und ihrem Gegenstand. Die Rahel-Biographie enthält an zentraler Stelle ein – eigentlich nicht zu erwartendes – Kapitel über die Träume der romantischen Jüdin. In der bedrückenden Intensität des Rahelschen Traumlebens entdeckte die Verfasserin der «Schatten» etwas sehr Eigenes. «Was hilft der Tag, der immer wieder die Dankbarkeit lehrt, daß das Leben so ist, daß wir es verstehen können, wenn die Nacht auf der Unverständlichkeit besteht und ... einen ganzen Konnex von Unverständlichem, von Undurchdringlichem bringt?» Auch Hannah selbst war dem romantischen Traumreich bis zum Unheimlichen tief verhaftet. Ihre Wertschätzung des ausgiebigen Frühstücks: Dahinter stand auch die tiefempfundene Notwendigkeit, mit viel Kaffee das somnambule Nachtreich hinter sich zu lassen. (Aus ihrer Heidelberger Zeit ist uns die Episode überliefert, daß sie einmal den Tod eines ihr bekannten Professors so intensiv träumte und morgens erzählte, daß man bei dem Gelehrten anrief, in Beileidsabsichten – doch der Betreffende erfreute sich bester Gesundheit.)

Was die Autorin an ihrer Heldin ferner interessierte, war die Verwandlung eines bloßen Dahinlebens zu Schicksal. Heideggers Interesse am «Sein»; Jaspers' Lehre von der Existenzkrise als dem wertvollsten Selbsterfahrungsmedium gewannen gleichsam körperliche Kontur in dieser historischen Persönlichkeit aus der deutschen Romantik. Eine mehrdimensionale Kontur, bedenkt man, daß die Geschichte der 1771 geborenen Rahel eigentlich «schon 1700 Jahre früher in Jerusalem» begonnen hatte. Doch ebenso wichtig erschien auf der anderen Seite Rahels frappierende Fähigkeit, «in voller Ahnungslosigkeit alles wie zum ersten Male» zu erfahren. An solchem Menschen, erkannte die Biographin, wird historisch Geglaubtes einprägsam. Geschichte selbst wird kenntlich, «wenn sie auf einen Menschen trifft, der sich nicht hinter Eigenschaften und Talenten verkriechen, nicht unter Sitten und Konventionen verbergen kann wie unter einem Schirm bei schlechtem Wetter …» Arendts Rahel erscheint vor uns als eine Frau, die ihre von anderen aufgezwungene Existenz am Ende annimmt. Sie ordnet sie zur Erzählbarkeit, bejaht sie schließlich als ihr Schicksal, erfährt auf diese Weise, was «Leben» heißen kann.

Doch waren noch ganz andere existentielle Identifikationen mit im Spiel, wie etwa Hannahs Absicht, das Frauenleben der Rahel wieder freizulegen – es unter all der «Platt- und Schönmalerei» des Ehemannes Varnhagen, der bei seiner Herausgabe der Rahel-Briefe auch vor «Interpolation und Vernichtung … von Briefen» nicht zurückgeschreckt sei, hervorzuziehen. Es ging aber nicht nur um ein individuelles Frauenschicksal, sondern um ein gesellschaftlich repräsentatives. Auffällig wird das Buch zudem durch seine große Liebe zu Zitaten. Arendt teilte diese Liebe mit ihrem Freund Benjamin. Beide setzten sich durchs Zitieren in ein Verhältnis zur Vergangenheit, gingen dieser wie «Perlentaucher» auf den Grund. Es überrascht nach allem, was wir wissen, nur wenig, daß Arendt in ihrem Benjamin-Essay das rechte Verhältnis zum treffenden Zitat – aus Heideggers Geist abgeleitet hat. «Mit Heideggers großem Spürsinn für das, was aus lebendigem Auge und lebendigem Gebein Perle und Koralle geworden (war) …, hatte Benjamin, ohne es zu wissen, im Grunde erheblich mehr gemein als mit den dialektischen Subtilitäten seiner marxistischen Freunde.»

Durch eine Art Zitatcollage sollte der Eindruck entstehen, Rahel erzähle selbst. In dieser Form wird die Geschichte einer deutschen Jüdin aus dem romantischen Preußen berichtet, die, mit deutlich mehr geistig-literarischen Talenten als mit herkömmlicher Frauenschönheit ausgestattet, in die deutsche Gesellschaft hineinzukommen versuchte – um sich am Ende zu einem rebellischen, pariahaften Judentum zu bekennen. Aus alldem ergab sich, daß die Autorin mit ihrem

Gegenstand auf gleicher Höhe stand. Arendt meinte mit Fug, sie habe diese «Lebensgeschichte einer deutschen Jüdin» so dargestellt, wie diese selbst sie hätte erzählen können. «Hier gibt es viel Positives, nämlich all das, was ich unter Pariaqualitäten zusammenfasse und was Rahel ‹die wahre Realität des Lebens› nannte – ‹Liebe, Bäume, Kinder, Musik› ... und es gibt ... Respekt für das ‹Geistige› ... Rahel ist ‹interessant›, weil sie ganz naiv und doch ganz unbefangen genau dazwischen steht – zwischen Paria und Parvenu» (an Jaspers, 7. 9. 1952). Die Beschreibung fremden, romantischen Schicksals als ureigenes Anliegen und als Selbstcharakteristik in Arendts «Lebensgeschichte einer deutschen Jüdin» – entworfen in jenen Jahren, als Hitlers organisierter Antisemitismus sich anschickte, an die Macht zu gelangen, um Schicksale wie das der Rahel für immer zu verhindern.

Politische Lehrjahre eines Paares

Als Rahels Biographin also emigrierte Arendt aus Deutschland, traf Heinrich Blücher. Beider Pariser Jahre bis zum Kriegsausbruch bestanden aber nicht nur aus einer immer verläßlicher werdenden Liebe. Sie bedeuteten vielmehr entscheidende politische Lehrjahre, brachten Aufklärung über Faschismus wie Kommunismus gleichermaßen. 1936 gab in gewisser Weise ein Schicksalsjahr für ganz Europa ab. Im Spanischen Bürgerkrieg, auch seit der Besetzung des Rheinlands durch Hitler erstarkten die Faschisten. Die Kommunisten auf der anderen Seite gerieten immer mehr unter die terroristische Herrschaft Stalins. Die Stimmungslage der Pariser Flüchtlinge verdüsterte sich nur noch mehr, als sie mit dem Ende der französischen Volksfrontregierung und der «Kristallnacht» in Deutschland (1938) konfrontiert wurden. Lion Feuchtwanger etwa hat die Atmosphäre dieser Zeit in «Unholdes Frankreich» (1942) eindrücklich festgehalten.

Auch die bald folgende Annäherung zwischen Stalin und Hitler wirkte alles andere als erhebend. Während Arendt sich von den immer lauteren Forderungen nach einer «Rückkehr ins Ghetto» innerhalb der jüdischen Kreise in Paris distanzierte und eine offensivere Politik forderte, kämpfte der Mann, der sie nach eigenem Eingeständnis das politische Denken gelehrt hatte, Heinrich Blücher, um eine eigene politische Position angesichts der immer deutlicher werdenden totalitären Strukturen in der Sowjetunion.

André Gides kritischer Reisebericht aus der Sowjetunion, erschienen im November 1936, markierte einen Wendepunkt für viele Intellektuelle. «Ich bezweifle, daß heute in irgendeinem Land, Hitler-Deutschland einbegriffen, das Denken unfreier, unterdrückter, terrorisierter und abhängiger ist.» Gides Einsichten wurden damals heftig diskutiert, und die beiden Pariser Emigranten nahmen mit Sicherheit daran teil. Zudem praktizierte das Paar Arendt-Blücher schon damals eine bestimmte Arbeitsteilung, vielleicht eine Vorstufe der späteren gemeinsamen Verfasserschaft am Totalitarismusbuch: Hannah Arendt konzentrierte ihre Beobachtungen und Analysen auf die Rechte, Heinrich befaßte sich mit der Linken. Das galt vor allem für Zeitungslektüre, es galt aber auch für die wissenschaftliche Arbeit. Frappierende Ähnlichkeiten waren das Resultat solch doppelter Optik. Heinrich faßte beider Erfahrungen mit der autoritären Politik dieser Tage zusammen, als er unter dem 7. August 1936 schrieb: «Gretchen, wie hältst Du's mit der Religion? Deinem alten Heinrich wollte ein heiliger Büroaffe der Partei gestern einreden, daß er unbedingt ein ‹felsenfestes Vertrauen› in die Leitung der Partei haben müsse und dazu ‹Glauben an die Richtigkeit der Beschlüsse›.» Solche ironisch-flapsigen Sätze drückten zentrale historische Vorgänge aus: Abschaffung der innerparteilichen Demokratie, Liquidierung der nationalen Selbständigkeiten, schließlich die herrschaftslogischen Schlußpunkte im von Hitler liquidierten «Röhmputsch» einerseits und in den Moskauer Prozessen andererseits. «Die Spaltungen in der Bewegung werden immer größer, der Kampf immer blinder», schrieb Heinrich am 17. Februar 1937 an die Freundin. Die Einsicht in die strukturelle Vergleichbarkeit der beiden Totalitarismen erscheint in der Personalunion dieses Paares seit seinen Pariser Tagen angelegt. Einerseits die durch den internationalen Faschismus verfolgte Jüdin, andererseits der Abtrünnige von der Internationale des Kommunismus – ein Paar, dessen gemeinsame politische Ideale in ihrer Vorstellung von direkter (wenn man so will: «liberalistisch-anarchistischer») Demokratie lagen.

Seit Weihnachten 1938 hatte Hannah Arendt eine Stelle an der Jüdischen Vertretung in Paris inne. Sie half österreichischen und bald auch schon tschechischen Flüchtlingen. Sie und Blücher hatten in der Erwartung, daß Martha Arendt-Beerwald schon bald zu ihnen stoßen würde, eine Wohnung in der Rue de la Convention gemietet. Hannahs Mutter hatte einst in Paris studiert; nach miterlebter «Kristallnacht» wollte sie Deutschland endgültig verlassen. Sie emigrierte mit den Resten ihres Vermögens, die halfen, die erwähnte Wohnung zu finanzieren. Martha Arendt hatte nicht nur auf die Heirat ihrer Tochter mit Günther Stern bestimmenden Einfluß ausgeübt. Sie hatte auch, gewiß ungewöhnlich, zuvor deren verheirateten Liebhaber Heidegger getroffen und jedenfalls so weit kennengelernt, daß dieser in Kartengrüßen an Hannah bitten konnte, ihre Mutter zu grüßen. Das beweist erhebliche Vertraulichkeit zwischen Mutter und Tochter; macht deutlich, daß bei der Familienzusammenführung einiges auf dem Spiele stand. Denn Blücher und Martha hatten einander bislang nicht kennengelernt, Vertreter ganz verschiedener Gesellschaftsklassen und Lebensanschauungen, die sie waren. Martha sah jedenfalls von der ersten Stunde an in Heinrich einen ebenso faulen wie formlosen Proletarier; Heinrich in Martha eine bürgerliche Sentimentale, die unter dem Deckmantel der Mutterliebe seine Frau gängelte.

Dann brachen der Krieg von September 1939 und die darauf folgende Internierungspraxis der französischen Regierung über die Pariser Emigranten wie Hagelschlag herein. Männer und Frauen wurden getrennt. Blücher wurde zunächst in das Olympia-Stadion von Colombes und dann in ein Durchgangslager bei Villemalard verbracht. In Colombes sah er noch kurz Walter Benjamin, den «unglücklichen Benji» (Brief von Anfang Sept. 1939). Danach wurde er zusammen mit Peter Huber und Erich Cohn-Bendit ins eigentliche Internierungslager gesperrt. Für nahezu zwei Monate mußten die Männer in Kälte und Regen auf bloßem Stroh kampieren. Heinrich, belastbar, wie er war, las dennoch Kant, munterte die Kameraden auf, erhielt sich insgesamt in stoischer Ruhe. Er durfte immerhin französisch abgefaßte Briefe mit Hannah wechseln, auch konnte diese ihn mehrfach besuchen. Dann überfielen ihn heftige Gallenkoliken. Der Kranke wurde schließlich entlassen – übrigens nicht, ohne daß man ihm zuvor den Eintritt in die französische Fremdenlegion angeboten hätte, und das auch noch ohne eine Garantie nachfolgender Staatsbürgerschaft, was der ehemalige Student der Militärwissenschaft mit einem Wutausbruch beantwortete.

Zurück in Paris, ließen die beiden sich nun auch formell trauen. Der wilden folgte eine bürgerliche Ehe. Die Zeremonie fand am 16. Januar 1940 statt und stand in einem ganz und gar unromantischen Zusammenhang mit der sich immer deutlicher abzeichnenden Notwendigkeit, Einreisevisa, sogenannte Notvisa, für die USA zu beantragen. Dabei standen die Chancen von Ehepaaren besser. Die Zustände spitzten sich, dem schnellen Vormarsch der Deutschen entsprechend, dramatisch zu: Am 5. Mai 1940 wurde verordnet, daß alle Männer zwischen 17 und 55 und alle unverheirateten oder kinderlosen Frauen deutscher Nationalität interniert werden sollten. Man hatte sich in Sportstadien zu sammeln. Die gerade Verheirateten wurden erneut getrennt.

Hannah kam in das Internierungslager von Gurs, in dem Ende Juni 1940 fast 7000 Lagerinsassinnen konzentriert waren, gefährdet von Resignation, Verzweiflung und Verwahrlosung samt den daraus resultierenden Krankheiten. Gurs war kein Arbeitslager. Hannah und die anderen Frauen versuchten, so gut es ging, Ordnung und Sauberkeit zu erhalten. Sie wußte zunächst überhaupt nichts über das Ergehen ihrer Angehörigen. Auch Lion Feuchtwanger hat dieses Lager gesehen und in «Unholdes Frankreich» beschrieben. Das Camp präsentierte sich als eine einzige Schlammwüste; im lehmigen Boden blieben die Frauen auf dem Gang zur Latrine stecken; man mußte ihnen heraushelfen, wobei in aller Regel die Schuhe verlorengingen. Als Verpflegung diente ausschließlich getrockneter Fisch. Der Kriegsverlauf war Hitler immer noch günstig; der Diktator schien auf dem Weg, ganz Europa zu überrennen. Es entstand eine Situation, vergleichbar der, die später Walter Benjamin zum Selbstmord bewegen wird. Auch Hannah Arendt hat im Lager von Gurs, das erste und zugleich das letzte Mal in ihrem Leben, an den Freitod gedacht. Das hat sie im Rückblick, aus bereits gewonnener Distanz heraus, im August 1952 Kurt Blumenfeld mitgeteilt.

Arendts Lageraufenthalt dauerte zum Glück nicht lange. Als Folge der französischen Niederlage wurde das Camp aufgelöst. Das einsetzende Chaos ermöglichte den Insassen, sich provisorische Entlassungspapiere zu besorgen und schlicht zu verschwinden. Hannah Arendt hatte zudem unglaubliches Glück im Unglück: Sie konnte in einem Haus in der Nähe von Montauban, das Lotte Sempell für sich und ihren Freundeskreis gemietet hatte, unterkommen. Noch ein weiterer, spektakulärer Glücksfall stand dem Paar damals bei. Der Ort Montauban wurde durch seinen unerschrockenen sozialistischen Bürgermeister zu einem Treffpunkt für die Flüchtlinge. Das Lager, in dem Heinrich Blücher einsaß, war ebenfalls evakuiert worden, als die Wehrmacht in Paris einmarschierte. Man sandte ihn, der sich eine schwere Mittelohrentzündung geholt hatte – nach Montauban. Eine Filmszene: Ohne darauf eingestellt zu sein, trafen die beiden einander auf der Hauptstraße des Städtchens, inmitten eines endlosen Flüchtlingsstroms, in dem jeder die Reste seiner Habe mit sich schleppte. Beide werden sich – spontan und also auf deutsch – ihrer Liebe und Erleichterung versichert haben. In den kommenden Monaten danach lebten sie ein stilles Leben, gleichsam im Auge des historischen Taifuns. Heinrich setzte seine Kant-Studien fort; Hannah las in kurioser Mischung Clausewitz, George Simenon und Marcel Proust. Ihre Proust-Lektüre wird in das Totalitarismusbuch, in das Kapitel über die Entwicklung des Antisemitismus, eingehen – ebenso wie die dort vorgenommene Analyse der Nationalstaaten durch die Clausewitz-Lektüre unterfüttert erscheint.

Hannah und Heinrich gelang es schließlich, sich in Marseille amerikanische Visa zu verschaffen. Für die Emigranten in Frankreich war die Stadt damals, Anna Seghers hat es in «Transit» eindrücklich beschrieben, die unheimliche, undurchschaubare, gefahrenschwangere Metropole, zuständig für ihr Entkommen nach Übersee; Hölle und Himmelspforte in einem. Die Visum-Beschaffungsaktion wurde schließlich von Erfolg gekrönt – gewiß auch, weil Günther Stern aus den USA nachzuhelfen vermochte. Und auch, weil die «Aliyah», bei der Hannah arbeitete, über internationale Beziehungen verfügte. Dennoch wären die beiden am Ende fast noch gescheitert. Sie waren auf Fahrrädern illegal nach Marseille hineingefahren. Dort erreichte sie in ihrem Hotelzimmer die Nachricht, daß sich Blücher bei den Behörden melden sollte. Der «Drahtzieher» verschwand umgehend. Hannah aber, als sie ihn in Sicherheit wußte, inszenierte vor dem Hotelbesitzer eine große Szene. Beschuldigte diesen, er habe dazu beigetragen, ihren Mann an die Polizeiwache zu verraten. So gewann man einen Vorsprung, entkam knapp. Gewiß, es drehte sich ums nackte Leben. Und doch werden solche Szenen nicht nur zum Zusammenhalt des Paars beigetragen, sondern ihm auch ein gewisses Vergnügen am gekonnten Umgang mit der eigenen Illegalität eingetragen haben. Äußerungen Hannah Arendts im Interview mit Günter Gaus von 1964 lassen das annehmen. Blücher war immer schon der Mann für solche Jahreszeit gewesen.

Im Januar 1941 lockerte die Vichy-Regierung ihre Flüchtlingspolitik. Arendt und Blücher nahmen sofort einen Zug nach Lissabon. Drei Monate später konnten sie sich von dort aus in die Neue Welt einschiffen; Martha Arendt-Beerwald folgte ihnen wenige Monate später. Der Abschied von Europa stand unter wahrhaft finsteren Schatten. Beide haben die ihnen übergebenen Thesen Walter Benjamins «Über den Begriff der Geschichte» am Quai von Lissabon laut für sich und die anderen Flüchtlinge verlesen – mit Blick auf die grün-weiße Hügel- und Strandlinie des gegenüberliegenden Ufers des Tejo, deren außerordentliche Lieblichkeit der Stadt einst ihren (phönizischen) Namen verliehen hatte. Walter Benjamin war damals schon tot. Seine verzweiflungsvollen Thesen waren im Winter 1939/40 in gemeinsamen Diskussionen angeregt worden. Sie setzten sich mit Gershom Scholems «Die jüdische Mystik und ihre Hauptströmungen» auseinander, einem Buch, das der Verfasser Benjamin aus Palästina zugeschickt hatte. Hannah Arendts Totengedicht auf den Freund Benjamin lautet in seiner letzten Strophe: «Ferne Stimme, naher Kummer –: / Jene Stimmen jener Toten, / Die wir vorgeschickt als Boten / Uns zu leiten in den Schlummer.» Das laute Lesen seiner Thesen an Lissabons Überseequai entsprach dem Beten eines geschichtsphilosophischen Kaddischs für den deutschen Juden Walter Benjamin. Es markierte, als gleichzeitiger Abschied von Europa, den Tod aller Hoffnungen auf den Fortbestand der Synthese zwischen jüdischer und deutscher Geistigkeit: das wohl unwiderrufbare Ende einer einmaligen und epochalen Kultursymbiose.

New York, Massachusetts und Berkeley Leben in Amerika
(1941–1975)

Lektionen über den «American Way of Life»

Am 22. Mai 1941 kamen Hannah Arendt und Heinrich Blücher in New York an. Am 23. Mai telegraphierten sie ihre Ankunft an Günther Anders und zugleich die Adresse des Zimmers, das sie gemietet hatten: 317 West 95. Man wohnte mitten in Manhattan, zwischen Central Park und Hudson River. Hannahs Mutter traf am 21. Juni ein und bezog ein möbliertes Zimmer im gleichen Haus. Arendts erster Eindruck vom amerikanischen Leben jedoch stammte von ihrem Aufenthalt im Juli und August 1941 als eine Art Au-pair-Gast bei einer Familie in Winchester, Massachusetts. Die Stelle war ihr vermittelt worden durch die Hilfsorganisation «Self-Help for Refugees». Hier wollte sie Englisch lernen; sie, die nach Art der deutschen Gymnasien zwar Latein, Griechisch und Französisch, nicht aber Englisch in ihrer Schule gelernt hatte – wie beispielsweise auch ihre Lehrer Heidegger und Jaspers. Bei Heinrich sah es bedrückender aus: Er weigerte sich lange, die USA als neue Heimat überhaupt zu akzeptieren. Ihm muß die Neue Welt ausschließlich als das Land des Kapitalismus ins verstörte Bewußtsein getreten sein. In New York erlebte er eine Fremde, wie er sie in Paris nie empfunden hatte. Auch ihm, der sich das Französische erarbeitet hatte, fehlten alle Grundlagen für das Englische. Er war über vierzig und hatte zudem noch Probleme mit seiner Schwiegermutter. Die erwartete von ihm die Rolle des «Ernährers», und zwar mit Glanz. Vor diesem Hintergrund besitzt es eine eigene Ironie, daß sich bei Hannah der kleinbürgerliche «American dream» von einem Häuschen im Grünen erfüllt hatte. Bei der Familie in Winchester lebte sie tatsächlich in «Mutts Paradiesvorstellung», wie sie Heinrich ironisch mitteilte.

Hannahs damalige Wirtin war freilich nicht ohne. Sie war Vegetarianerin, Pazifistin und außerdem ornithologisch interessiert. Ihr Mann zahlte für die Realisierung des amerikanischen Traums mit pausenloser schwerer Gartenarbeit nicht nur am Wochenende. Hannah – mit Kosenamen «Schnupper», seit sie als Au-pair-Kraft entschlossen mit dem «Beschnuppern» des amerikanischen Lebens begonnen hatte – lernte in dieser Familie zunächst einmal die Anfänge des Englischen, intensiv, mit erstaunlichen Fortschritten. Daneben erhielt sie eine grundlegende politisch-landeskundliche Lektion, deren Folgerungen sich in den nächsten Jahrzehnten zwar differenzieren, jedoch nie mehr grundlegend verändern werden: daß sich nämlich die USA unter politischem und sozialem Aspekt jeweils anders bewerten ließen. Man konnte das Land als politisches Modell attraktiv finden, ohne sich deshalb mit seinen sozialen Zuständen zu identifizieren.

Mr. und Mrs. Giduz in Massachusetts verkörperten die beiden widersprüchlichen Seiten amerikanischen Lebens. Wie immer Hannah sich über Mrs. Giduz' puritanische Betriebsamkeit mokierte, sich amüsierte über deren offensichtliches Bedürfnis, sie zu dem Kind zu machen, das dieser Amerikanerin aus biologischen Gründen versagt geblieben war – Hannah hat doch an ihrer damaligen Wirtin eine Beobachtung gemacht, die womöglich bis hinein in die Abfassung ihres Buches über die amerikanische Revolution prägend werden sollte. Gewiß hat sie diese Frau als einen politischen Kopf eher belächelt. Deren Pazifismus zu Zeiten, in denen es gegen Hitler ging, vermischt mit marottenhaft erscheinenden Diätvorschriften und fast täglich angesetzten (dann stets nächtlichen) Problemgesprächen von der Politik bis zur Metaphysik – das alles erschien fragwürdig. Und dennoch konnte die Deutsche an Mrs. Giduz verblüfft beobachten, wie diese Frau sich schlicht und einfach hinsetzte und im Vertrauen auf die direkte amerikanische Demokratie ihrem Abgeordneten einen engagierten Protestbrief gegen die Internierung japanischstämmiger Amerikaner schrieb. In den Vereinigten Staaten von Amerika gab es offenbar einen Weg, das Schicksal zu verhindern, wie es die Emigranten seit 1939 in Frankreich kennengelernt hatten. Hatte die amerikanische Revolution eine Art von direkter Demokratie hervorgebracht, die von der bewunderten Polis- oder Rätedemokratie gar nicht so weit entfernt war?

Für die andere, die dunklere Seite stand der Herr des Hauses, Mr. Giduz. Er hatte mit Hannah Arendt zwei Dinge gemeinsam: er war Jude, und er sprach Deutsch. Arendt hielt ihn kurioserweise «erst für eine Art Nazi»; begriff erst Schritt für Schritt, wen sie da vor sich hatte. Dieser Mann einer Vegetarierin liebte das Essen, also auch Fleisch. Doch konnte er sich weder in diesem noch in nennenswerten anderen Punkten gegen seine Frau durchsetzen. Es bedurfte einiger Wochen, bis die deutsche Haustochter begriff, warum: «Donnerstag abend erzählte mir Madame, daß der Mann geschlagene elf Jahre arbeitslos war und daran beinahe verrückt geworden ist ... man kann das Land überhaupt nicht begreifen, wenn man sich nicht das Faktum der Arbeits- und Erwerbslosigkeit ständig vor Augen hält» (28. 7. 1941). Aus dieser Erfahrung folgte, was Hannah Arendt dann, Jahre später und thesenhaft zugespitzt, an ihren Lehrer Karl Jaspers schrieb: «Der Grundwiderspruch des Landes ist politische Freiheit bei gesellschaftlicher Knechtschaft» (29. 1. 1946). Aus konkreter Erfahrung hatten sich Begreifen und theoretische Lehre herauskristallisiert.

Heinrich begann nur widerstrebend Englisch zu lernen, suchte aber nach Möglichkeiten zur Veröffentlichung kurzer

Hannah Arendt um 1941/42: angelangt in den USA, in Erwartung des kommenden Lebens in New York.

Texte. Seine Haltung in diesen Tagen war ausgesprochen ambivalent. Einerseits meinte er: «Mit dem Englischen geht's gar nicht schlecht» (2. 8. 1941), und seine Lehrerin sei herrlich. Andererseits resignierte er: «Wenn einem schon die Stradivari geklaut worden ist und wenn man schon gezwungen ist, unwahrscheinliche Preise für den Erwerb einer Bierfidel zu zahlen, denn mehr kann eine andere Sprache für einen niemals werden», so könne man nur hoffen: «Vielleicht kriegt man seine Geige mal gepumpt» (26. 7. 1941). Der verunsicherte Mann schwankte in fast allem, freilich nicht in seiner Wahrnehmung New Yorks: «Ich sitze am Fenster, und die Stadt wird mir täglich phantastischer und in ihrer Phantastik menschlicher. Hier ist eine große Chance für die Menschheit, gerade hier» (2. 8. 1941). Das schien hoffnungsvoll. Machte sich Heinrich bereits 1941 Gedanken zum Verständnis der totalitären Signatur des Jahrhunderts? Jedenfalls schrieb er damals: «Nun aber ist die Zeit, wo die Menschheit das ahnt und gewillt ist, den Gedanken voll zu realisieren; sie macht gerade noch den letzten wahnwitzigen Versuch, das Paradies in der Form einer Bluthölle hier auf ihrem Boden zu verwirklichen, und wenn sie davon genug haben wird, muß man mit ihr vernünftig zu reden beginnen. Damit möchte ich den Anfang machen ...» (4. 8. 1941). Als Heinrich diese Programm-Sätze zu Papier brachte, hatte Hitler gerade die Sowjetunion angegriffen. Der Endkampf beider Diktaturen als perverser Versuch, zweierlei Paradies auf Erden zu verwirklichen, hatte begonnen.

Die Wirklichkeit ließ größere Projekte freilich vorerst nicht zu. Zurück in New York, mußte Hannah nach Möglichkeiten suchen, den Lebensunterhalt zu sichern. Sie sowohl wie Heinrich achteten – selbst am Beginn ihrer schwierigen Existenzgründung – sorgfältig darauf, weder mit Vertretern der Kollektivschuldthese noch mit Leuten zusammenzuarbeiten, die das gesamte deutsche Volk aus der europäischen Zukunft streichen wollten. Beide schlossen sich einer Gruppe «Neu beginnen» an. Für Hannah ergab sich die Möglichkeit, regelmäßig für den «Aufbau» zu schreiben, seit etwa 1939 ein profiliertes Wochenmagazin für deutschsprachige Flüchtlinge. In diesem Blatt plädierte sie schon bald für die Aufstellung einer jüdischen Armee, die das politische Leben unter den Juden neu begründen sollte. Das Gründungsmanifest der von Arendt mitbegründeten jungjüdischen Gruppe vom März 1942 wies jeden «Geheimpakt mit dem Weltgeist» zurück, ging darin konform mit Benjamins geschichtsphilosophischen Thesen.

Durch Zeitungsartikel und einen Lehrauftrag für Europäische Geschichte am Brooklyn College (ab 1945) verdiente Hannah schließlich genug, um Miete und Lebensunterhalt zu sichern. Martha Arendt erhielt zuweilen Heimarbeit aus einer nahe gelegenen Textilfabrik. Für Heinrich, der während der nächsten Jahre weiterhin nur widerstrebend Englisch lernte, verliefen auch seine ersten Versuche, Arbeit zu finden, demoralisierend: beispielsweise in einer Chemiefabrik in New Jersey, zu der er frühmorgens aufbrechen mußte, um dann nach einem langen Tag, ermüdet und staubbedeckt vom Umschaufeln der Chemikalien, in das spärlich möblierte Zimmer zurückzukehren, wo die Frauen dem Erschöpften die Schuhe ausziehen mußten. Blüchers Lage besserte sich erst, als er vorübergehend als Forschungsassistent des Committee for National Moral angestellt wurde, das für Amerikas Kriegseintritt arbeitete.

Tod zweier Mütter

Politisch wurden die Zeiten noch finsterer. Arendts Vorstellungen von einem zukünftigen Palästina wurden vom Sieg der Zionisten unter Ben Gurion zunichte gemacht. Ihr hatte ein Judenstaat als Teil des britischen Commonwealth vorgeschwebt. Vor allem aber: Seit November des Jahres 1942

Hannah Arendt um 1951 in New York: eine nunmehr gutbestallte Lektorin und als Autorin des Totalitarismusbuches an der Schwelle zum Weltruhm.

wurden die grauenhaften Ausmaße der Hitlerschen «Endlösung» mehr und mehr bekannt. Beide konnten das Ungeheuerliche zunächst nicht glauben, doch am Ende mußte man der Wahrheit ins Auge sehen. Die furchtbare Erkenntnis verwandelte den Neuanfang in bleierne Isolation und starres Entsetzen. «Dieses hätte nicht geschehen dürfen ... Über alle anderen Sachen, die da passiert sind, muß ich sagen: Das war manchmal ein bißchen schwierig ... Aber wir waren jung ... Mit allem anderen konnte man auch persönlich fertig werden.» Mit dem Ungeheuerlichen sind beide lange nicht fertig geworden. In den Jahren 1943 und 1944 verloren sie gewissermaßen Deutschland endgültig als seelische Heimat. Gedichtzeilen Hannahs halten diesen Moment fest. Das Ungeheuerliche verwandelte den friedlichen Alltag im sonnenüberglänzten Hudson Park entlang des Riverside Drive zu bloßer Schimäre. «Kinder spielen, Mütter rufen, / Ewigkeit ist fast. / Geht ein liebend Paar vorüber, / Trägt der Zeiten Last.» Das liebende Paar trug der Zeiten Last, indem es daran ging, sein Totalitarismusbuch zu entwerfen. Die New Yorker Wirklichkeit selbst drängte damals in Richtung des Buches. Die erste volle Arbeitsstelle in Amerika, die Hannah 1944 erhielt, trug dazu bei: Sie wurde zur Forschungsleiterin der Commission on European Jewish Cultural Reconstruction bestellt. Diese Kommission suchte nach den von den Nazis verschleppten jüdischen Kulturgütern. Die Königsbergerin lernte auf diese Art und Weise die besondere, zwiebelartig verschachtelte Organisationsstruktur des Hitler-Staates kennen.

Der Plan zum Buch mußte sich damals neben vielen anderen Verpflichtungen herauskristallisieren. Hannah arbeitete seit 1946 auch als Lektorin für den jüdischen Verlag Schocken Books, wo sie unter anderem Werke von Bernard Lazard, Gershom Scholem und Franz Kafka betreute. Heinrich verfügte während der damaligen Jahre über wesentlich mehr freie Zeit, um das gemeinsam bedachte Buch zu fördern. Freilich traf ihn Mitte 1946 ein neuer Schlag. Ein Brief an seine Mutter kam mit dem Vermerk «Adressat verstorben» zurück. Jetzt klärte sich seine Haltung zum Exil endgültig. Er wird nun allenfalls nach Deutschland zurückgehen wollen, «wenn ich hier absolut gar nichts und dort sehr viel machen könnte» (so Anfang Juli 1946).

Der Tod der Mutter traf Heinrich tief, machte ihn «sehr traurig», weckte Schuldgefühle. Seine Frau kämpfte geradezu rabiat dagegen. Ihr Antwortbrief vom 8. 7. 1946 unterstreicht, daß Heinrich den Verlust als einen «befreienden Schlag» erleben müsse. Sie wollte verhindern, «daß Du Dich wieder in irgendeine Melancholie fallen läßt, wofür dies ja auch nur ein Anlaß wäre». Der Passus erscheint aufschlußreich. Hannah Arendt, abhängig von genügend Schlaf und selbst anfällig für den Nachtmahr, fürchtete bei den Männern, die sie liebte, bei Heidegger ebenso wie bei Blücher, nichts mehr als deren Neigung zur Melancholie. Der Umkehrschluß daraus könnte lauten, daß die Melancholie als das Siegel einer denkerischen Existenz, wie etwa in Leben und Werk ihres nahen Freundes Walter Benjamin, die Denkerin anzog. Ebenso aufschlußreich liest sich Heinrichs Antwort auf diese Mahnung: Zwar, die Anzeichen seien ähnlich – aber eigentlich sei er, Heinrich, gar nicht wirklich melancholisch. Der radikale Zweifler, der Nihilist, als den er sich verstehe – der sei «davor am besten geschützt» (im Juli 1946).

Nicht viel später, im Juli 1948, starb auch Hannahs Mutter, während einer Schiffsüberfahrt nach England zu ihrer Stieftochter Eva Beerwald, zu der sie übersiedeln wollte. Mit diesem Verlust löste sich das drängende Problem eines zu engen Zusammenlebens zwischen Menschen, die eben doch aus ganz verschiedenen Wertsphären kamen. Im Rückblick (Brief vom 27. 7. 1948) erklärte Hannah gegenüber Heinrich noch einmal die emotionalen Prioritäten. Sie habe eigentlich nie mit ihrer Mutter zusammenziehen wollen – daß es dann doch anders kam, daran seien die «Gasöfen» schuld. Ein Aspekt verdient in diesem Zusammenhang Aufmerksamkeit. Hannah Arendt kleidete sich nach dem Tod ihrer Mutter in Schwarz und kritisierte damit etwas, was sie an den USA nie akzeptieren würde: deren Haltung zum Tode. Das schnelle Vergessenwollen, die Verdrängung der Würde des Todes durch den Ausschluß besonderer Trauerkleidung – hierin wurde die Königsbergerin sehr prinzipiell: «In Sachen Tod werde ich mich wohl nie akklimatisieren ... Gott soll uns schützen, zu dieser Gesellschaft zu gehören» (4. 8. 1948). Das sind entschiedene Sätze, und sie gelten nicht zufällig gerade einem vermuteten Gedächtnisverlust.

Nicht nur Verluste, sondern auch außergewöhnliche Gewinne fürs ganze Leben fielen in die ersten Entstehungsjahre des Totalitarismusbuches. Hannahs Lektorenarbeit brachte den Blüchers einen weitgestreckten neuen Bekannten- und Freundeskreis ein. Neben Kurt Wolff, dem ehemaligen Verleger Kafkas, und seiner Frau Helen wird man mit dem Autor Randall Jarrell bekannt, ebenso mit Hermann Broch. Vor allem die letztere Bekanntschaft galt auch Heinrich Blücher, der Broch einmal, nach der Erinnerung von Robert Pick, sehr lautstark von der Notwendigkeit des Politischen überzeugen wollte. Hingegen lehnte Hannah die Avancen Brochs – er war immer noch ein notorischer Frauenheld – freundschaftlich, aber bestimmt ab («Hermann, laß mich die Ausnahme sein»). Hannah und Heinrich leisteten damals Kulturarbeit. Sie machten die New Yorker Intellektuellen mit Zeugnissen der deutschen Kultur bekannt, mit einer Kultur, die durch den Krieg das Stigma des Feindlichen und Bösen trug. Solche Tätigkeit bedeutete für sie selbst die Bewahrung von Verlorenem. Beide waren damals überzeugt, daß durch den Verlust des jüdischen Ferments die deutsche Literatur quasi erloschen sei.

Entstehung eines Buches: «Elemente und Ursprünge des Totalitarismus»

Erinnerungsarbeit und Vorarbeiten zum Totalitarismusbuch gingen ineinander über. Hannah liest im Sommer 1946 Alexis de Tocqueville und Shakespeare und «murkst an den Menschenrechten verzweifelt herum», während Heinrich in New Yorks öffentlichen Bibliotheken Materialien zusammenstellt und durcharbeitet, um «neue Gründe» für die vom Totalitarismus nahezu ausgelöschten Menschenrechte zu finden. Mit dem Projekt hängt ferner zusammen, daß das Paar nun Karl Jaspers' jüngstes Werk «Die Schuldfrage» ganz intensiv diskutiert. Heinrich übt harsche Kritik; wirft Jaspers vor, der betreibe «trotz aller Schönheit und Noblesse» ein «verhegeltes» und «nationalisierendes Gewäsch» (15. 7. 1946). Blücher will also nicht aus dem Gang der Weltgeschichte quasi notwendig resultierende Schuld – er will vielmehr Verantwortung und Ursachen für politkriminelle Geschehnisse festgestellt wissen. Bei Jaspers diene «die Schuld dazu, die Verantwortung zu vernichten»; Blücher dagegen wünscht keine Auseinandersetzung mit dem «Wesen der Deutschen» mehr. Der (marxistische) Anarchist und Heine-Leser will vielmehr den «Bürgerkrieg» der «Republikaner» gegen die «Kosaken», der zu einem Krieg des «Citoyen» gegen die «Barbaren» geworden sei, endlich zu einem richtigem Ende bringen. «Wir haben nicht zu fragen, was deutsch ist, sondern was recht ist ... Wir verlangen Umkehr vom kosakischen auf den republikanischen Weg, Taten der Solidarität für die Entwürdigten, Übernahme der Verantwortung für die Freiheit.» Heinrichs Haupteinwand gegen Jaspers lautete: So gelange man nie zur Politik.

Gegen Jaspers, der ein «ganz bedeutender Gelehrter, aber ach, ein Gelehrter nur» sei, dem deshalb auch «keine jetzt mehr verwendbare Ethik» zur Verfügung stehe, denkt sich Heinrich das entstehende Buch. Es soll ferner eine Arbeit

Das Ehepaar Arendt–Blücher in der New Yorker Wohnung, Anfang der fünfziger Jahre. Gespräch und gegenseitiges Verstehen als erfolgreiche Remedur gegen die Ehekrise der vergangenen Jahre.

werden, unverkennbar vom Boden New Yorks, vom Grund der Neuen Welt aus geschrieben. Offenbar war Heinrich zwischen 1946 und 1949 mit einem Text befaßt, den er zwar nicht zur Welt bringen wird, dessen Vaterschaft ihm aber zustand. Am 29. Juli 1948 schrieb der New Yorker Emigrant einen merk-würdigen Brief zur Umwertung aller philosophischen Werte – in dem auch noch einmal seine Opposition zu Jaspers zur Sprache gelangte. Gewiß, es mag damals noch ganz anderes gemeint gewesen sein als das fast schon abgeschlossene Totalitarismusbuch – Heinrich nennt mit Laotse und den «Indern» ja auch Denkschulen, die erst in seinen späteren Universitätskursen ihre Rolle spielen werden. Doch die folgenden Sätze lassen sich nur als Absage Heinrichs an die genuin europäische Tradition verstehen, wonach man das Politische immer nur philosophisch begreifen dürfe. «Ich kenne den Kontinent nun, den ich entdecke. Nun will ich auf ihm landen. Oder vielmehr mir erst eine Landkarte machen. Weit weg bin ich nun von den Titanen und den Giganten. Kant war ein Diener, Nietzsche ein Herr, Marx ein Despot und Kierkegaard ein Sklave. Und ich bin ein ‹prospective citizen›» – dies schrieb ein erkennbar furioser Heinrich, von der gemeinsamen Arbeit am Totalitarismusbuch befeuert. Hannah dachte in diesen Fragen ganz wie ihr Mann: «Philosophie, die sich um die Wahrheit sorgt, war schon immer und wird vermutlich auch immer eine Art docta ignorantia sein – hoch gelehrt und daher höchst unwissend» (September 1945). Als Bürger der Neuen Welt und mithin Erben der amerikanischen Revolution wünschte das Paar die europäische Katastrophe des Totalitarismus zu begreifen. Blücher, während dieser Jahre zumeist erwerbslos, las tagsüber in verschiedenen «Public Libraries» Literatur zum Thema und diskutierte am Nachmittag oder am Abend mit den gemeinsamen Freunden darüber. Hannah war gewöhnlich bis in die Nacht anderweitig beschäftigt: bei der Jewish Cultural Reconstruction oder eben in ihrer Eigenschaft als Lektorin.

Heinrich fiel es zu, einen Teil des Materials durch Lektüre und durch Diskussionen aufzubereiten. Die beiden sprachen dann das Vorbereitete durch, sobald sie, meist tief in der Nacht, zu Hause die Zeit dazu fanden. Auf diese Art und Weise entstand Hannah Arendts wohl bedeutendstes Buch; die Arbeit, die ihren Namen bekannt machen wird und doch das Buch des Paares ist.

Seit Beginn des Jahres 1946 hatte Arendt intensiv damit begonnen, «Elemente und Ursprünge totaler Herrschaft» zu Papier zu bringen. Der Titel-Begriff «Ursprünge» kann gewiß als Hommage an den toten Freund Benjamin gelesen werden. In diesem Zusammenhang an Darwins «Origin of Species» zu erinnern ist wenig hilfreich. Denn gemeint sind geistesgeschichtliche «Ursprünge» à la Benjamin, nicht aber naturwissenschaftlich festzuhaltende Ursachen. So hat Hannah die eigene Methode in ihrer Vorlesung «Die Natur totaler Herrschaft» (1954 an der New Yorker New School gehalten) bestimmt: «Die Elemente totaler Herrschaft bilden seine Ursprünge, sofern wir unter Ursprünge nicht ‹Ursachen› verstehen. Kausalität ... ist in der Sphäre der historischen und politischen Wissenschaften ... eine völlig unpassende ... Kategorie ... Das Geschehnis erhellt seine eigene Vergangenheit, aber es kann niemals von ihr abgeleitet werden.»

Die Titelgebung des Buches hat ihre eigene Geschichte, sie wurde zwischen Hannah und Heinrich diskutiert. Ursprünglich sollte das Buch sich «Die Elemente der Schande: Antisemitismus – Imperialismus – Rassismus» nennen oder gar eher spektakulär «Die drei Säulen der Hölle» – wogegen die einfach-deskriptive Version «Eine Geschichte der totalen Herrschaft» stand. Unter dem schließlich gewählten Titel «Elemente und Ursprünge totaler Herrschaft» ging es beiden um die Geschichte der Auflösung des bürgerlichen 19. Jahrhunderts – das eigentlich als eines der Humanität, als helle Folie hinter der durchweg dunklen «Jetztzeit» traktiert werden sollte. Daß dieses 19. Jahrhundert sich in den «Imperialismus» hinein auflösen sollte, verrät den Einfluß der immer noch marxistischen Sicht Heinrich Blüchers. Das Buch war von Anfang an als Darstellung eines Kontinuitätsbruches konzipiert. Hannahs Auskünfte vom 24. September 1946 an Mary Underwood verweisen darauf. Es handele sich nicht um «historische Schriftstellerei», unterstrich die Autorin, da sich, was dargestellt werde, nicht rechtfertigen lasse. Noch ginge es um einen polemischen Zugang, denn dieser würde voraussetzen, daß der Autor Lösungen anzubieten habe. Lösungen besaßen die beiden allerdings nicht. Sie vermochten aber die Hauptelemente des Nationalsozialismus in dessen Genese zu benennen und derart das Terrain zu vermessen. «Die drei Elemente – Antisemitismus, Imperialismus und Rassismus – waren jeweils Ausdruck eines Problems oder eines Problemkomplexes, für welche die Antworten der Nazis ... eine schreckliche ‹Lösung› boten» (so erneut der Underwood-Brief).

Der entscheidende Grundzug dieser Arbeit, der dann Furore machte und eine heute noch immer nicht abgeschlossene, engagierte Diskussion auslöste: nämlich die Gleichführung der marxistischen und nationalsozialistischen Totalitarismen, wurde wahrscheinlich erst ab 1947 wirklich entfaltet. Das zugrundeliegende Material stammt sogar wesentlich erst aus den Jahren 1948 und 1949. Zu dieser Zeit war erstmals Einschlägiges über die Konzentrations- und Arbeitslager Hitlers und Stalins erschienen. Arendt und Blücher hatten damals Bücher wie Eugen Kogons «Der SS-Staat» und das Gedächtnisprotokoll über die russischen Lager «The Dark Side of the Moon» gelesen und diskutiert. Die zentrale Schlußfolgerung des Textes bildete sich heraus: Konzentrationslager und Terror als Prinzip machten die totale Herrschaft als ein modernes Phänomen aus. Hannah Arendt formulierte in einem «Memo» vom 10. Dezember 1948 zusammenfassend: «Sowohl die Geschichte der Nazis als auch die der Sowjets belegt eindeutig, daß keine totalitäre Regierung ohne Terror auskommen und kein Terror ohne Konzentrationslager effektiv sein kann.»

Die Sicherheit dieser Einsicht, die ja in diesen Jahren keineswegs den Status allgemeiner Überzeugung besaß, beruhte sie nicht auch auf Heinrichs lebensgeschichtlichen Erfahrungen? Hier gab es unmittelbare Evidenz. Schon 1936 hatte er aus Paris apokalyptisch über den Naziterror berichtet, auf den Terror als das eigentliche Wesen des Regimes zielend: «In Berlin hat ein schwerer Brocken eingeschlagen. Genossen, deren Gesicht mir greifbar nahe ist in jedem Zug und seinem lebendig-wechselnden Hinüberspielen in andere Züge, sind in den Kellern der Gestapo eingeschlossen worden.» Blüchers lebensgeschichtliche Erfahrungen und die Substanz seines politischen Denkens fanden Eingang in Hannahs Buch. Wie die Einlösung eines Versprechens wirken jene Huldigungssätze an die Opfer am Ende dieses Briefes an Hannah: «Auf den Mann, der jetzt nach unseren Namen durchfoltert wird, Genossen, und sie nicht nennt. Daß ihm die Zigaretten nicht ausgehen, daß sein Fiebertraum voll sei von all den geliebten Gesichtern seiner Frau, und daß seiner alten Mutter das Herz nicht breche. Und wir, wir wollen nicht vergessen.»

Heinrichs «Schritt vom Wege»

Die Entstehungsjahre des Textes markieren eine Periode allerengster Zusammenarbeit. Eine außerordentliche Zweisamkeit trug seinen Fortschritt und Abschluß, im wesentlichen schon im Jahr 1948. Die Abnabelung des gemeinsam erarbeiteten Buches durch seine Veröffentlichung drei Jahre später erinnerte notwendigerweise an Trennung. Hannah jedenfalls ließ 1951 bei ihrer Einbürgerung ihren Namen von «Johanna Blücher» zu «Hannah Arendt Blücher» verändern;

als «Hannah Arendt», also nur noch mit ihrem Mädchennamen, war sie inzwischen bekannt geworden.

Anderes, Wesentlicheres kam hinzu. Schon beim Schreiben waren in New York Hannahs politische Schwierigkeiten gewachsen. Die Gründung des Judenstaates sah sie damals im Bündnis mit Judah Magnes und dessen zionismuskritischer Vereinigung, eine skeptische Allianz, die bis zu Magnes' Tod 1948 hielt. Hier zum einzigen Mal spielte Arendt eine öffentliche politische Rolle. Ihre Opposition zur Gründung eines jüdischen Nationalstaates (anstelle einer israelisch-arabischen Föderation, wie sie sie befürwortete) isolierte sie in den späten vierziger Jahren und setzte sie sogar dem absurden Verdacht des «Antisemitismus» aus. Verstärkt wurde dies durch Arendts ureigene, unausrottbare Neigung zu offenem Sarkasmus und Ironie sowie durch ihre Ehe mit einem nichtjüdischen Deutschen. Schon damals zeichnete sich ab, was sich anläßlich des Eichmann-Buches zu einer Verfolgungskampagne auswachsen sollte. Alle Belastung erschien aber noch aufgefangen durch das gemeinsame Buchprojekt.

1948 schien das Buch ausdiskutiert. Seine Verfasserin zog sich für zwei Monate nach New Hampshire zurück, den Text endgültig abzuschließen, da leistete sich Heinrich in New York einen Seitensprung. Der Zeitpunkt seiner ehelichen Untreue hatte, scheint's, ebensoviel mit dem Abschluß des Buches zu tun wie mit Heinrichs heftig aufgeflammter Zuneigung zu einer jungen, lebhaften und als sinnlich beschriebenen Jüdin russischer Herkunft. Die beiden hatten einander im Rahmen des gesellschaftlichen Lebens des «Stammes» kennengelernt. In Hannahs Abwesenheit kam es dann zur näheren, schließlich intimen Bekanntschaft – und zur schwersten Krise in der Arendt-Blücherschen Ehe. Der Krise und ihrem weiteren Verlauf lag eine komplexe Konstellation zugrunde, personell wie emotional. Zwar erhob Hannah Arendt die Forderung nach ehelicher Treue gewiß nicht mit spießerlicher Beschränktheit. Sie kannte zudem Heinrichs auch im Erotischen anarchisches Temperament, sie wußte um seine generelle Liebe zu den Frauen. Ferner: Zur Zeit von Blüchers «Schritt vom Wege» erschien sie selbst in eine ganz enge Freundschaft mit Hilde Fränkel verstrickt, der New Yorker Geliebten des – seinerseits verheirateten – Theologen Paul Tillich. Es mag durchaus sein, daß der Beziehung Hannahs zu Hilde an der Intensität einer Liebesbeziehung eigentlich nichts gefehlt hat.

Blücher seinerseits reagierte mit seinem Seitensprung auf eine neue Situation, die sich nach Martha Arendts Tod 1948 ergab. Erst jetzt nämlich schuf er sich so etwas wie eine eigene Existenz, verdiente eigenes Geld. So betrachtet, erschien seine Untreue auch als Siegel auf einem Abnabelungsprozeß, als Manifestation neu erwachter Selbständigkeit. Freilich hat Heinrich seine Frau nie verlassen wollen. Während Hannah vom Herbst 1949 an in Europa weilte, um die wiederaufgefundenen jüdischen Kulturschätze für das Rekonstruktions-Komitee zu katalogisieren, fühlte ihre bereits erwähnte allerbeste Freundin Hilde Heinrich des öfteren telefonisch den Liebespuls. Blücher war zu dieser Zeit zwar immer noch mit der anderen zusammen. Doch stellte sich auch heraus, daß der Mann, bereits im Dezember des Jahres 1949, «gänzlich verwirrt (erschien), weil er einfach gewohnt sei, mit Dir zu leben, und weil er nicht mehr allein sein wollte» (Fränkel an Arendt, 7. 12. 1949).

Dennoch, Heinrichs Affäre währte einige Zeit. Im Januar 1950 kommt es zu einer kräftigen Krise zwischen den Ehegatten. Hannahs Brief vom 30. Januar 1950 aus Heidelberg beginnt mit der einmalig strengen Anrede «Heinrich» und liest dem harsch Apostrophierten unnachsichtig die Leviten. Er habe weder geschrieben noch Aufgetragenes erledigt. Unterliege offenbar einem «völlig fehlenden Sinn für die primitivsten menschlichen Verantwortungen und Verpflichtungen». Einen derart starken Tobak hatten die beiden einander noch nie zu schmecken gegeben. Die eifersüchtige Hannah litt damals unter regelrechten Projektionen: Sie meinte in Paris bei ihrer alten Freundin Anne Weil Mendelssohn das gleiche zu erblicken, was sie für New York befürchtete. Nämlich eine Beziehung, in der die Frau den Mann ernährt, während der, locker und sybaritisch, Beziehungen zu anderen Frauen unterhält. «Ich habe wirklich keine Lust mehr, einfach mitzuspielen, einfach alles zu übersehen und weiter zu wurschteln.»

Das klang nach Kampf, Bruch und Konsequenzen. Andererseits: Wie er offenbar nicht ohne sie, so kann sie ohne seine Briefe nicht sein. Heinrich beschwört beider «Kontinuität», weiß überhaupt den rechten, den schelmisch-jungenhaften Ton zu finden: «Lieber Schnupper, sei nicht bös auf mich, ich will zwar nicht von so vielen Leuten gern gehabt werden wie Du, dafür aber sehr von Dir» (17. 1. 1950). Solche Wendung enthält zwar einen Seitenhieb auf ihren – durch das gemeinsame Totalitarismusbuch erlangten – Bekanntheitsgrad. Doch beider unverändert tiefe Sympathie garantierte die weitere Verbindung. Sie heißt ihn einen «alten Sünder» (11. 1. 1950) – ihn, der auch anderen Damen des «Stammes» seine erotischen Anträge gemacht hat, um im Falle der Erfolglosigkeit, im Alter, dann schelmisch zu bedauern, daß es nun für immer zu spät sei. Heinrich räumt schließlich ihre Befürchtungen mit einer gewissen ironischen Eleganz (offenbar in Kenntnis ihrer New Yorker Gegenzüge) aus: «Wie kannst Du Dich nur so ängstigen? Hilde hat Dir oft geschrieben und hat jedesmal ausdrücklich bestätigt, daß ich all right bin» (17. 1. 1950). Auf diese Weise parierte er den harschen «Heinrich»-Brief mit Gelassenheit, stach ihr den Star: «So sieh doch mal, selbst im Fall Weil, etwas genauer hin, vielleicht ist er doch nicht einfach ein dummes Monster.» Hierin lag Heinrichs besondere Tugend für seine Frau: im gelassenen Verstehen, im außerordentlich intensiven, hermeneutischen Sich-einleben-Können in den Partner, der bei größerer psychischer Belastung zu Panikreaktionen neigte und beruhigt werden mußte. Auf seine Versicherung hin: «Dein Haus hier steht und wartet auf Dich. Und keinerlei Gespenstersonate wird hier gespielt» (4. 2. 1950) macht Hannah ihren Frieden. Am 5. Februar 1950 leitet sie ihren Brief mit den Zeilen ein: «Liebster, nun hast Du mitten in die Nierenkolik auch noch meinen bitterbösen Brief bekommen ... So geht es mit alten Eheleuten und alten Sündern.» Sie bestätigte ihm jetzt, daß nur der absolute Rückhalt in der Beziehung zu ihm es ihr möglich mache, monatelang hektisch durch die Welt zu reisen. Erneut, wie bereits in der «Hochzeitsfrage» 1936, gibt das Warten auf einen Brief den Ausschlag.

Damit war der Ehefrieden wiederhergestellt – ein Friede, der vielleicht auch von anderer Seite her gefährdet erschien. Denn die Beziehung zwischen Hannah und Hilde konkurrierte damals in emotionaler Hinsicht durchaus mit der Hannah-Heinrich-Ehe. Beider ganz enge Frauen-Freundschaft besaß ein Pendant, Hannah Arendt selbst hat das so gesehen, in der historischen Frauenfreundschaft zwischen Rahel Varnhagen und Pauline Wiesel, der berühmten Geliebten des Preußen-Prinzen Louis Ferdinand. Die romantische Salonlöwin Wiesel, ebenso schön wie durchsetzungsfähig, eine Art erotisches Naturereignis, an der die Mitwelt deren «ebenso verblüffende wie erschreckende Natürlichkeit» (so Arendt in ihrer Rahel-Biographie) faszinierte, war in Hannahs Augen eine Art historische Vorläuferin für Hilde Fränkel. Pauline lebte frei von Rahels Sorgen um Nichtschönheit und absonderndes Judentum – das, wenn man so will, exemplarische Leben einer Hetäre im Zeitalter der Romantik. In ihrem Verhältnis zu Hilde war Hannah damals – Rahel.

Hilde Fränkel war die Geliebte des Theologen Paul Tillich, dessen masochistische Veranlagung in New Yorks Intellektuellenkreisen notorisch waren. Daß «Sodom und

Gomorrha» erneut in «full swing» seien, konnte Hannah schon einmal in ironischem Spott zu Heinrich äußern – als Kommentar dazu, daß es Tillich wieder einmal zur Fränkel zog und er die eigene Ehefrau in der angemieteten Ferienhütte in Cape Cod sitzenließ. In Liebesdingen schien der «erotisch genialen» Hilde Fränkel nichts Menschliches fremd, sie «konnte gewissermaßen alles» (Brief an Hella Jänsch, 12. 6. 1965). Diese Frau verwirklichte sich in der Liebe aller Spielarten. Hannah Arendt hat das durch und durch fasziniert, soviel ist sicher. Sie hat später nicht nur Tillich gegenüber der Spießermoral verteidigt (mit dem Hinweis auf dessen Tapferkeit beim Krebstod der Geliebten), sondern auch Hilde Fränkel, die in den Jahren ihrer Beziehung bereits unheilbar krank und am Ende morphiumabhängig war, eine tiefe menschliche Zuneigung entgegengebracht. Die rückhaltlose Offenheit, mit der sich beide über «die Männer», ohne die es letztlich doch nicht ginge, austauschten, ist ganz erstaunlich. Womöglich existiert ein psychosoziales Muster à la Simone de Beauvoir, wonach die schöpferische Frau in unserer Gesellschaft bisexuell (und kinderlos!) lebt? Wie auch immer: Hannahs außerordentlich intensive Freundschaftsbeziehung zu Hilde Fränkel bildet ein Kapitel für sich; die erwähnenswerte Kehrseite zu Heinrichs außerehelicher Affäre.

Eine Europareise, ein Wiedersehen und eine Schicksalswende

In die frühen fünfziger Jahre fiel also die «Midlife-crisis» des Paares. Hinzu kam, daß Hannah ihre erste Europareise auch dazu benutzte, Martin Heidegger aufzusuchen. Vom August 1949 bis zum März 1950 blieb sie in Europa; neben Frankreich und der Schweiz bereiste sie vor allem Deutschland. In der Schweiz sah sie auch ihren väterlichen Lehrer Jaspers wieder, beider Gesprächsbeziehung wird in den kommenden Jahren immer intensiver. In Basel «beichtete» Karl Jaspers' ehemalige Schülerin ihm ihr Verhältnis zu ihrem ersten Lehrer, was Jaspers norddeutsch trocken mit «aufregend» kommentierte. Hannahs Besuch in Freiburg dann vollzog sich nicht nur in vollem Einverständnis mit Heinrich; sondern der briefliche Austausch über ihr Heidegger-Erlebnis förderte den neugewonnenen ehelichen Zusammenhalt. Blücher bestärkte von New York aus seine Frau ausdrücklich darin, den Freiburger Philosophen wiederzusehen.

Ungeachtet ihrer Baseler Beichte, war es eine außerordentlich nervöse Arendt, die Anfang 1950 nach Freiburg abfuhr. Die Freundin Hilde erhielt mitgeteilt, daß es eines «bestialischen Mutes» bedurft hätte, sich auf das bevorstehende Wiedersehen zu freuen. Gemessen daran, fiel das Treffen selbst geradezu romantisch aus. Auf einem Briefbogen ihres Hotels hatte die Besucherin dem Philosophen ihre Ankunft gemeldet – und der suchte sie umgehend im Hotel auf. Hannah hat danach sowohl Hilde wie auch Heinrich über das Wiedersehen berichtet. Gegenüber der Freundin betonte sie die verstörende Spontaneität Heideggers, der so agierte, als liege beider Verhältnis keineswegs 25 Jahre zurück. Der Freiburger sei zwar beschämt wie «ein begossener Pudel» gewesen – aber keineswegs wegen der politischen Vorkommnisse, sondern ausschließlich wegen der Art ihrer damaligen Trennung. Dieser Mann erschien noch immer verliebt. Steckte die Intensität seiner Gefühle Hannah noch einmal an?

In ihrem Bericht an Heinrich (8. 2. 1950 aus dem «Military Club» in Wiesbaden, dem Hauptquartier der amerikanischen Streitkräfte) hieß es: «Wir haben, scheint mir, zum ersten Mal in unserem Leben miteinander gesprochen, mit dem Resultat, daß ich selbst da an meinen verflixten Stups denken mußte, der alles richtig beurteilen kann.» Und Arendts Freiburger «Novelle» erfuhr ihre genregemäße Fortsetzung. Am Morgen des 8. Februar, Hannah war zu Besuch in Heideggers Haus, bekräftigte dieser auch vor seiner Frau, daß es sich bei ihm um die «Leidenschaft seines Lebens» gehandelt habe (10. 2. 1950; Brief bezeichnenderweise an Hilde). Die gleiche Mitteilung ging dann, modifiziert, auch an Heinrich ab.

Eine außergewöhnliche Szene: Als ob keine Zeit vergangen sei, stand der Philosoph von «Sein und Zeit» vor ihr, Hannah mit Mitteilungen über eigene Arbeiten überhäufend – «nur sprechen können, nur verstanden werden». «Die Freiburger Sache war gespenstisch: die Szene mit der Frau, die vor genau 25 Jahren vielleicht fällig gewesen wäre und die abgehandelt wurde, als gäbe es keine Zeit» (so an Heinrich, 9. 2. 1950). Trotz Elfride Heideggers Protesten sah man sich noch einmal. Heidegger, dem Hannah intensiv von Hilde berichtet hatte, reihte sich in eine Reihe mit der «liebsten Freundin» ein. Verzichtete auf ein weiteres Wiedersehen, weil er begriff, daß die Sterbende auf Hannah wartete – eine Rücksichtnahme, die wiederum Hannah ergriff. Beide fanden sich nun auf einer «Stufe der Leidenschaftlichkeit und Ehrlichkeit» wieder, von der einvernehmlich galt: Nur der könne vom Alter Weisheit erhoffen, der in seinen jungen Jahren weder weise noch vorsichtig gewesen sei.

Das aber galt, mutatis mutandis, damals auch für Heinrich. Dem war nämlich ein substantieller Akt der Selbsteinschätzung gelungen. Unter dem 14. Februar 1950 schrieb der Mann seiner fernen Lebensgefährtin Erstaunliches. Er versicherte eingangs, an der Umformung des Seins vom Seinsbegriff her zu arbeiten. Diese «Aufgabe des Philosophen» mochte noch an allzu gewollte Nachfolge im Heideggerschen Denken erinnern, zumal sich ihr Reflexionen über das Wesen der Zeit anschlossen. Doch der derart über «Sein und Zeit» philosophierte, erkannte auch ausdrücklich die eigene Begrenzung an: «Dein verflixter Stups. Ja, die gute Fee hat gesprochen, ‹der Junge soll Urteilskraft haben›, und die böse Fee hat unterbrochen und den Satz beschlossen, ‹und sonst nichts›. Dabei bleibt es wohl.» Darauf folgte dann eine Art Definition der Heinrichschen Identität. Ein «verstehendes und weises Herz» sei die höchste Gabe. Wer es besitze, habe teil am «Zentrum menschlicher Schöpferkraft, und wer es ergreift, mag selbst noch die Gaben der Götter dazugewinnen.» In seinem anrührenden, werbenden und nachdenklichen Brief findet Heinrich zu einer Selbstdefinition als Hannah Arendts Lebenspartner, der einzig denkbare. Das Schreiben schloß: «Gewiß bin ich der Mann, der nicht fähig ist to make a living, aber manchmal will mir's scheinen, als sei ich der Mann, der niemals Zeit dazu hatte ... Sei ruhig, es steht nichts zwischen uns, kein gesprochenes und kein geschriebenes Wort. Ich liebe Dich und bin Dir ganz nahe ... Ich habe wohl ... die Heimatlosigkeit als erster voll erfahren und akzeptiert und konnte immer sagen ‹Wo ich bin, da bin ich nicht zu Hause›. Dafür habe ich auch mir in dieser Welt hier, und nicht in einer überirdischen Zionsheimat, ... ein ewiges Zuhause gegründet durch Dich und Freunde, so daß ich auch sagen kann: Wo einer oder einige von Euch mit mir versammelt sind, da ist meine Heimat, und wo Du mit mir bist, da ist mein Haus.»

Das letztere klang arg nach evangelischer Verheißung – und war beglaubigt durch mutiges Eingeständnis irdischer Defizite. Heinrich befand sich damals in der Situation der Eule der Minerva. Seine «Berufsunfähigkeit» ging ihrem Ende zu. Bislang hatte er in New York relativ isoliert gelebt. Daß er 1948 eine Deklaration «Why do we Need a League for the Rights of Peoples» verfaßt und darin – in Ergänzung der amerikanischen Menschenrechtserklärung – auch das Recht auf «schöpferische Arbeit» eingefordert hatte, das hatte ihm weder neuen Umgang noch eine solche Arbeit verschafft. Das Totalitarismusbuch war inzwischen auf der Welt – und lobte ausschließlich die Mutter. Nun aber zeichnete sich Neues ab. Seit 1945 waren Arendt und Blücher mit dem Maler Alcopley (der zugleich der Wissenschaftler Alfred L.

Copley war) bekannt. Alcopley fungierte als Gründungsmitglied in einem Künstlerclub, «The Eighth Street Club», der in der 8. Straße von Greenwich Village tagte und zu dessen Programm eine beliebte Reihe von Freitagabendvorträgen gehörte. Blücher geriet zufällig in dessen Begleitung in den Club. Hier warteten alle auf eine Diskussion zwischen Joseph Frank und Meyer Shapiro über das damals aktuelle Buch von André Malraux, «Die Psychologie der Kunst». Den restlichen Vorgang beschrieb Heinrich selbst am 22. Februar 1950: «Vierzig bis fünfzig waren versammelt. Und dann erschienen die Redner nicht ... So they got hold of me and I ran the whole show. Es war ein überwältigender Erfolg. Jeder hatte gescheite Fragen zu stellen, jeder war mit meinen Antworten zufrieden, bis tief in die Nacht ... Am 2. März muß ich nun eine Lecture über Stil geben ... vielleicht ist hier eine Chance für ‹making a living›.» Heinrich war, über Nacht und aufgrund seiner herausragenden Gabe, seines improvisierenden Rednertalents, nun auch in New York «entdeckt» worden.

Zudem war er auf ein Thema verfallen, das er auch in seinen späteren Vorlesungen am Bard College immer wieder aufnehmen würde: die Besonderheiten der modernen, der formsprengenden Kunst à la Cézanne, Kafka und Picasso. Die künstlerische Sprengung der Form erschien dem Berliner als der sozusagen natürliche gesellschaftliche Feind aller Tyrannei und deren Abarten im modernen Totalitarismus. Einen «kosmopolitischen Stil», der die Erfahrungen des 20. Jahrhunderts mit seinen weltweiten Kriegen und totalitären Gesellschaften in sich versammeln könnte, gelte es zu schaffen – als Verwirklichung von Nietzsches Prophezeiung eines neuen «Großen Stils». Auf diese Art und Weise wollte Blücher die politischen, die antitotalitären Potenzen der modernen Kunst freisetzen. Seine Kunst-Überlegungen entsprangen, so betrachtet, immer noch dem Zusammenhang des Totalitarismusprojekts.

Das Ehepaar um 1952 zu Hause in New York.

Ein weiterer Glücksfall kam hinzu. Günther Anders, der nach Europa zurückgehen wollte, übertrug seinen eigenen Philosophiekurs an der New School for Social Research auf Heinrich. Der vermochte im März 1952 seine Erfahrungen mit diesem New-School-Kurs bereits zusammenzufassen: «Die Kurse sind in gutem Gang, die Studenten voller Leben und ich voller Arbeit» (29. 3. 1952). Heinrich war an seine ureigene Aufgabe gelangt, und Hannah, auf Reisen, sah den Gefährten jetzt auch als einen, der endlich zu sich selbst gefunden hätte. Ab 1950, nun auch darin der Nachfolger von Günther Anders, hielt Blücher als Dozent Vorlesungen über Kunstgeschichte und Philosophie an der New School und später dann auch am Bard College. 1952 avancierte er dortselbst zum wohlbestallten Professor für Philosophie.

Der Rhetor Heinrich Blücher: Sokrates im Staate New York

Blücher wurde bei einem – improvisierten und dennoch nicht unvorbereiteten – Vortrag «entdeckt». Die Eignung dieses Mannes zum akademischen Lehrer beruhte auf seinen Fähigkeiten zum mündlichen Vortrag. Hierin vermochte Blücher geradezu charismatisch aufzutreten, vorausgesetzt, er war in entsprechender Gemütsverfassung. Nicht nur einige seiner ehemaligen Schüler haben ihn so porträtiert, sondern auch Hermann Broch, der Heinrich in einem Brief an Annemarie Meier-Gräfe vom 4. 9. 1950 einen Menschen von «unbestechlicher Klarkeit» des Denkens nannte, «wie man es nur bei Genies antrifft». Einer der Schüler, Martin Self, nannte ihn den besten Vortragenden, den er je in seinem Leben gehört hätte. Auch der amerikanische Romancier Randall Jarrell, zum «Stamm» gehörend und in vielen Wortgefechten mit Heinrich erprobt, beschrieb den Deutschen als einen begnadeten Enthusiasten des Wortstreits. Jarrell hatte Heinrich in langen New Yorker Nächten als ebenbürtig erlebt, in schrecklichen Redeschlachten, ausgetragen unter brachialem Einsatz des Stimmvolumens. Rilke oder Yeats – wer war der bessere Lyriker? Wobei Heinrich für Yeats und Jarrall für den deutschen Lyriker plädierte, es versteht sich.

Ein Stück weit kann Heinrichs Lehrtätigkeit auch als Fortsetzung des häuslichen Philosophiediskurses begriffen werden. Alfred Kazin hat in seinen Memoiren («New York Jew») beschrieben, wie eine philosophische These im Gespräch der Blüchers untereinander urplötzlich zu einer Art Ehekrach führen konnte. Dann trotzten die beiden Philosophen einander; hielten miteinander ein Seminar ab, das laut Kazin das leidenschaftlichste darstellte, das er je zwischen Eheleuten erlebt hatte. Heinrich trat gern als der auf, den er unter allen Philosophen am höchsten verehrte: als ein Sokratiker, ein Geburtshelfer der Gedanken, ein Philosoph des Mündlichen. Eine ähnliche Rolle spielte er bei seinen Schülern am Bard College. In seinem Notizbuch steht nicht ohne Grund: «Sokrates verglich sich mit einer Hebamme ... Was er in Wirklichkeit meinte ..., war, daß er das Kind zeugte. Er dachte, es seien zwei Menschen erforderlich, um einen Gedanken zu gebären, und ohne Kommunikation sei Denken nicht möglich.» Darin spiegelte sich die gesamte Lebensauffassung Heinrich Blüchers.

Mochte der New Yorker Freundeskreis in seiner Meinung geteilt sein, ob Heinrich nun eine Schreibhemmung besessen oder im Nichtschreiben dem Vorbild Sokrates nachgeeifert habe – das Bard College war es nicht. Als ein «Sokratischer Mann» war Heinrich vom Philosophieprofessor der New School, Horace Kallen, dem Präsidenten von Bard, James Case, seinerzeit annonciert worden. Blücher wurde dem Ruf gerecht. Konnte Hannah darüber berichten: «Dazu bin ich mit dem Bard College in schwierige und langwierige Verhandlungen geraten. Der Präsident ... sucht einen Sokratischen Mann und glaubt ihn in mir gefunden zu haben. Die

Fakultät aber fürchtet das und ist für den anderen Kandidaten» (26. 7. 1952). Hinter dem anfänglichen Widerstand der Fakultät standen fachlich-politische Differenzen. Heinrich hing nicht der damals modernen analytischen Philosophie nach englischem Vorbild an; wünschte vielmehr die Philosophie, nach deutsch-griechischem Vorbild, erneut als die Königin der Wissenschaften eingesetzt zu sehen. Philosophie sollte nach Blüchers Willen alle Formen menschlicher Kreativität stimulieren und koordinieren. Als «Sokratischer Mann» wünschte Heinrich seine Studenten mit den Wurzeln ihrer eigenen Kreativität bekannt zu machen. Als sogenannte «Urväter der freien Persönlichkeit» brachte er seinen Neuanfängern deshalb in einer Art anthropologischen bunten Reihe Abraham, Jesus, Zarathustra, Buddha, Laotse, Homer, Heraklit und Sokrates nahe. Der handschriftliche Zettel, auf dem Heinrich die einzelnen Themen dieses Anfängerkurses («Common Course») aufgelistet hat, enthält weiterhin Indien und seine Mythologie, «Academie Freedom», «Politics, Man, and Freedom», ferner einen Dialog mit den Studenten, schließlich ein Fragment zu Kierkegaard. Diese Aufzählung verzeichnet, was Heinrich zu bieten hatte und was er in all seinen Jahren in Bard hauptsächlich lehrte. Die zitierte Übersicht, in der Bibliothek des Bard College aufbewahrt, ist übrigens auf den gleichen 16. November 1952 datiert, an dem Blücher seinen langen (und eigentlich einzigen) Brief an Karl Jaspers schrieb.

Mit der Courage des Autodidakten vertiefte sich Blücher in schwierige Texte und in komplexe Persönlichkeiten; fand beispielsweise bei Buddha oder Zarathustra philosophische Traditionen, die seine Ehefrau nie rezipiert hatte. Ansonsten partizipierte beider Unterricht vom Schatz des gemeinsam Besprochenen, gestützt auf exemplarische Geschichten, auf Märchen und ganze literarische Traditionen, die sie gemeinsam hatten. Sowohl Heinrich wie Hannah sprachen mit großer Sicherheit. Doch war Heinrich im öffentlichen Gespräch mit unterschiedlichen Menschen wesentlich lockerer und viel genußvoller zugange als seine Frau. Während man sie für ihre Gelehrsamkeit und Scharfsichtigkeit bewunderte, eine Berühmtheit aufgrund dessen, was sie geschrieben hatte, bildete sich um Heinrich der Kult der herausragenden, bis ins Bizarre charakteristischen Persönlichkeit. Dieser Vortragende vermochte in poetisches Schwärmen zu verfallen, wenn er das Dasein des Odysseus auf der Insel der Calypso beschrieb, den griechischen Himmel über sich und die Ägäis um sich, das Festland zur Rechten und die Heimat Ithaka im Rücken – eben das 20. Jahrhundert im griechischen Gewand. Zu Heinrichs Mythos gehörte ferner, daß die Studenten seinen deutsch-berlinerischen Akzent imitierten. Blüchers Aphorismen wurden mindestens ebenso diskutiert wie seine philosophischen Lehren. («Pessimisten sind Feiglinge, und Optimisten sind Dummköpfe» war einer der Sprüche, die ihn auf dem Campus bekannt machten. Im Alter, nach der Emeritierung, versuchte er sich an Aphorismen, freilich ohne eine Sammlung zu hinterlassen.)

Heinrichs Ruhm war flüchtig wie die gesprochene Sprache. Doch manche seiner Vorlesungen können heute noch am Bard College auf Band abgehört werden. Heinrich sprach entschieden und fast militärisch knapp, sein Englisch trägt einen deutlichen, aber womöglich denn doch weniger schweren deutschen Akzent als das Englisch Hannahs. Bei ihm klang das Berlinerische durch, doch prägte es sein Englisch weniger als Arendts ostpreußische Sprachmelodie. Um Deutlichkeit der Aussprache bemüht, geduldig langsam sprechend, erarbeitete sich hier einer sprechend die Gedanken – hat man jedenfalls den Eindruck. Der Vortragende saugt zuweilen heftig an seiner Zigarette und zeigt nach einer gewissen Zeit deutlich stimmliche Ermüdungserscheinungen. Heinrich verstand es, seinen Sätzen die Gloriole des «Philosophierens» zu geben. Während Arendts Schriften teilweise aus Vorlesungen entstanden, erhob Heinrich die

Improvisation zu seinem Markenzeichen. Zwar bereitete er sorgfältig vor, was er vortrug, durchdachte es im voraus und sprach es in der Regel mit seiner Frau durch – so wie umgekehrt auch sie ihm ihre Projekte zur Begutachtung vorlegte. Doch dann pflegte er ohne Notizen, vollständig frei, mit Abschweifungen und mit Detailvertiefungen ganz nach (scheinbaren?) Augenblickseinfällen zu sprechen. Hannah dozierte in akademisch zurückgedämmtem Tonfall; Heinrich setzte, jedenfalls in der Diskussion, die Modulation seiner Stimme in voller Bandbreite ein. Daß dieser Vortragende improvisierte, wäre womöglich nicht ganz richtig ausgedrückt. Er folgte vielmehr einem vorgegebenen Plan, ohne sich durch diesen einsperren zu lassen. Vielleicht beschreibt Kleists «Verfertigung der Gedanken beim Sprechen» die Vorgangsweise Heinrichs angemessen. Zu alldem stimmte schließlich Blüchers Glaubensbekenntnis, entwickelt mit Berufung auf Nietzsche und Heidegger: die Sprache selbst widerstehe dem Philosophen. Seine mühevolle Beziehung zu ihr sei der des Poeten gleichzusetzen – auch der Denker strebe danach, eine eigene Sprache zu entwickeln.

Der Rhetor Blücher war nicht umsonst bei den Schocktherapien des Psychoanalytikers Fritz Fränkel dabeigewesen. Auch der Dozent traktierte sein Publikum mit Schocks. Sein Schüler Martin Self hat sich 1970 an Heinrichs Unterrichtsstil erinnert: «With intonation and gesture and perhaps even with intimidation at times (though it was no mere demagoguery, for behind it there was deep conviction and no desire to manipulate an audience) he could move his listeners powerfully no matter what the theme.» Zu Heinrichs Vortragsstil gehörte ferner die stets brennende Zigarette. Dieser akademische Lehrer konnte ausführen, daß «Jesus von Nazareth» («he never said Jesus Christ for though he spoke with a deep accent, his English was peculiarly precise») keineswegs ein Gott, womöglich sogar ein «Idiot» gewesen sei. Solche Ausführungen wurden bewußt gesprochen mit dem Blick auf die kleinbürgerliche Kirchenfrömmigkeit mancher Hörer: «the words beginning to explode slowly, the gently sardonic glance at the girl with the small-town trust in her personal god.» Und dann: «Another moment for the cigarette.» Darauf folgte Heinrichs Eröffnung, daß sich in der Geschichte des Christentums keinerlei Wunder ereignet hätten – abgesehen von der Tatsache, daß das Christentum selbst nahezu 2000 Jahre überstanden habe.

Die Beliebtheit des deutschen Philosophieprofessors stammte auch aus dessen persönlicher Fürsorge für seine «freshmen». Heinrich wohnte in der ersten Zeit auf dem Campus selbst, sein Büro diente ihm als Appartement. Der erwähnte Martin Self erinnerte sich, wie er den Lehrer zu nachtschlafender Zeit aufsuchte, um mit diesem Probleme nicht nur seiner Studien, sondern der gesamten Existenz durchzusprechen. Der Student fürchtete einmal um seine geistige Gesundheit. Da suchte er Heinrich zu nächtlichem Gespräch auf. Blücher «puffed deeply at his cigarette, and without blowing out the smoke he said to me in an iron voice: ‹You are not mad; you are not even yet neurotic. But for this you are good material.›» Die Diagnose des unablässig rauchenden Professors: daß der Student allenfalls vorzüglich neurotisch veranlagt sei, machte Eindruck auf diesen. Der Lernende anverwandelte sich zur Gänze an seinen Lehrer; erwarb als Heinrich-Imitator Bekanntheit auf dem Campus. «I can remember the gesture and the voice. I learned to imitate it soon after that ... I never did it to Heinrich's face.» Allerdings: Der Bewunderer Martin Self erwähnt, ebenso wie fast alle, mit denen man heute noch sprechen kann, daß er zwar alles erinnere, was Heinrich als Person ausgezeichnet hatte; aber nur wenig, was die von dem Deutschen vorgetragene Philosophie betraf. Dabei strebte Blüchers Einführungskurs nichts Geringeres an, als ein neues Fundament für die akademische Ausbildung zu legen. Zusammen mit einem Maler, zwei Poeten, einem Soziologen und einem Historiker, mit zwei Naturwissenschaftlern und zwei anderen Philosophen, alle laut Blücher wohlbelesene und interdisziplinär beschlagene Persönlichkeiten, war man ans Werk gegangen. Doch für Konzept und Durchführung des Kurses stand dann Blücher allein ein. Mit Bezug auf die Griechen und die Renaissance plädierte der Deutsche für ein «Vollmenschentum aus der Mitte heraus», wie er das ausdrückte. So wollte er dem entgegensteuern, was er als eine Haupttendenz seines verhängnisvollen Jahrhunderts empfand: die Spezialisierung allein auf das Fachwissen.

Der Professor Blücher stellte seiner Zeit die Diagnose: Ihre Tendenz zu immer mehr Wissensanhäufung ohne gleichzeitige höhere Ausbildung könne letztlich zu einer sozialen Gefahr («a socially explosive force») führen. Blücher sah den vom Soziologen David Riesman in «Die einsame Masse» erahnten Zustand der Moderne bereits verwirklicht: Alles laufe auf einen Verlust der Persönlichkeit hinaus. Der neue «außengesteuerte» Massenmensch gäbe das perfekte Material für totalitäre Verfügung ab. Gegen die drohende Abschaffung des Individuums sollten Philosophie und Kommunikation gestellt werden, denn alle totalitären Staatsstrukturen (verwirklicht in Deutschland und Rußland) basierten auf der «Zerstörung jeder Art von Kommunikation, zwischen Vater und Kind, Mutter und Kind, Mann und Frau, Liebhaber und Geliebte, Freund und Freund.» Wogegen es nur einen Weg gäbe: Integration der universitären Teilfächer, Herstellung von Kommunikation, Einbettung des einzelnen in eine «Community, die auf dem föderalen Prinzip basiert». Blüchers «Common Course» wollte die seit der Renaissance angesagte Spezialisierung soweit wie möglich zurücknehmen. Bestimmte interdisziplinäre Schlüsselbegriffe wie etwa Erfahrung, Erziehung, Natur, Ritual, Symbol, Logos und Mythos, Glaube und Sitte wurden fortschreitend in der Diskussion präzisiert. Der Berliner selbst nannte seine Veranstaltung ein «Parlament der Disziplinen».

Die verschiedenen Teilbereiche Kunst, Mythen, Religion, Wissenschaft, Philosophie und Politik sollten sich wie von selbst in ihrer interdiziplinären Zusammengehörigkeit präsentieren. Die Selbständigkeit des griechischen Denkens fände beispielsweise ihr Pendant in der frei stehenden griechischen Statue. Während Hannah die Polis als politische Konstruktion bewunderte, verehrte Heinrich deren Menschen.

Blücher war, wie nur ganz wenige Menschen, wirklich gern allein. Hielt dann Denkerdialoge mit sich selbst, was ihn gelegentlich in regelrechte Glückszustände hineinführte. Als Lehrer entdeckte er diesen Zustand am Anfang der Welt wieder, sozusagen seine subjektive Paradiesvorstellung. Heinrich unterschied nämlich in seinem Kurs den Gott Abrahams von dem des Moses. Ersterer sei ein Diskutier-Gott gewesen, meinte Blücher, der im Wortsinn mit sich reden ließ und der es sogar über sich gebracht hätte, seinem Diskussionspartner gelegentlich recht zu geben (beispielsweise im Sodom-und-Gomorrha-Bericht, Genesis 18,20ff). Weiterhin: Der Gott Abrahams war für Blücher ein Beginner, einer, der sein Werk in die Zeit hineinwirft, der es ins Leben entläßt. Der Gesprächspartner dieses Gottes, Abraham, mußte deshalb ebenfalls ein Schöpfer sein. Kreativität und Freiheit fielen an dieser Stelle zusammen. Heinrichs Abraham war sozusagen ein biblischer Sokrates, der mit keinem Geringeren als Gott selbst diskutierte. Blüchers Unterricht brachte zudem eine ausführliche Interpretation der Homerschen Epen ins Bild. Der Vortragende verstand die «Ilias» wie auch die «Odyssee» als existentialistische Musterfälle, jeweils exemplarische Biographien des Menschseins. Beispielsweise stand das – selbst gewählte – kurze Heldenleben Achills im paradigmatischen Gegensatz zu dem lange währenden Reiseleben des Erfahrungssuchers Odysseus. Wo ersterer den Ruhm durch die Tat wählt, erobert dieser seine Identität durch Wissensanhäufung. Nach dem Zeugnis von Professor Clark Rodewald, der heute in Bard Literatur unterrichtet und der Heinrich noch als «freshman» gehört hat, gelang es dem Deutschen, seinen Hörern das Gefühl zu vermitteln, in einer sehr großen Tradition zu stehen.

Heinrich Blücher konnte auf dem Bard-Campus herumgehen wie auf einem römischen Forum oder einer griechischen Agora – und er war dabei der wiedergeborene Sokrates. Der Berliner verlor zwar nie seine anarchische Abneigung gegen Europas bürgerliche Kultur und bürgerliche Sekurität. Doch sagte ihm mit zunehmendem Alter der Charme des bourgeoisen Lebens immer mehr zu. Er fand es nicht mehr korrumpierend, bequeme Möbel zu besitzen, gut zu essen und Wein zu trinken; lief einmal sogar auf dem Campus in einem Burberry-Mantel herum. Aber ungeachtet solcher Veränderungen: Philosophie zu unterrichten war ihm, anders als seiner Frau, nicht Unterricht im Denken und in der Bildung begründeter Meinungen, sondern zuallererst Äußerung von persönlichem Charisma. Dem grassierenden Nihilismus, der Langeweile und der mangelnden Selbststeuerung sollte abgeholfen werden. Die Chance dafür veranschlagte der Berliner mit einem gewissen Optimismus: Schließlich ginge ein erheblicher Teil der amerikanischen Bevölkerung durch die Colleges. Pädagogisch bedeutete das: Heinrichs Kursus solle mit der Frage «Warum sind wir hier?» (Betonung auf dem letzten Wort) beginnen und enden mit der wahrhaft existentialistischen Frage «Warum sind wir hier und jetzt?» (Betonung auf dem zweiten Wort). Zu diesem Ziel empfahl Blücher die Konzentration auf das, was er als Sokrates' dreifaltige Grundfrage ansah: Was ist der Sinn des Lebens? Was der Wert des Lebens? Was ist das menschliche Dasein?

Selbstverständlich beschwor Heinrichs entschiedene Art in Bard auch Gegner. Der Grundkurs erschien umkämpft, solange er existierte. Es sollen vor allem eifersüchtige Kollegen, aber auch eine Minderzahl Studenten dagegen gewesen sein. Man störte sich an Heinrichs Popularität, erblickte in dieser Unwissenschaftlichkeit, bezweifelte die konkrete Substanz seiner Vorlesungen. Noch einer seiner Nachrufe erwähnt Heinrichs philosophische Amateurschaft. Doch Blüchers sokratischer Habitus wirkte, und viele seiner Studenten haben es bezeugt, daß sie bei ihm vor allem eines lernten: nicht nur auf den Vortragenden, sondern auch auf ihre Mitstudenten und deren Argumente und Ideen zu hören – und umgekehrt. «And what I learned about my words listening to them!» Blücher selbst war seit den ersten Jahren seiner akademischen Tätigkeit von deren Segen überzeugt: «Von einigen Studenten der vorigen Kurse habe ich rührende Dankbriefe bekommen ... Die Richtigen scheinen es den Richtigen weiterzusagen. Und das ist die einzige Art von Publizität, die ich mir wünsche ...» (28. 6. 1952) – darin fand der Mann sein Gegengewicht zum wachsenden Publikationsruhm seiner Frau. Als der Berliner dann seiner Hannah im August 1952 über Festanstellung und Unterrichtstätigkeit berichtete, vermochte die sonst so Skeptische regelrecht zu jubeln: «Ich bin ganz stolz auf Stups den Klugen und Weisen, der sogar eine amerikanische Fakultät überzeugen kann ... Ich brauche offenbar nur wegzufahren, damit ... Monsieur Karriere macht.»

«Was eine Ehe wirklich ist ...»

Hannahs Brief schloß: «Daß Du so viel von zu Hause fort sein wirst, ist mir sehr unlieb. Wer wird mich ins Bett bringen??» (7. 8. 1952). Letzteres blieb die Frage mit dem doppelten Fragezeichen. Denn zugleich mit Heinrichs Nachricht kam die, daß Arendt das Guggenheim-Stipendium bewilligt worden und sie zu einer Vortragsreihe an die Princeton University berufen war. Andererseits: Mit Hannah Arendts Rückkehr im Jahr 1952 begann eigentlich das, was Randall Jarrell in seinem Roman-Porträt der Blücherschen

Ehe («Pictures from an Institution») die «Doppelmonarchie» genannt hat. Beider Gemeinschaft war nicht nur wiederhergestellt, sie lebte sich nun auch komfortabler durch eine neue, großzügigere Wohnung (am Morningside Drive, Nr. 130). Hier gab es ein Arbeitszimmer für jeden und zusätzlich einen Gästeraum. In seinem Arbeitszimmer am Morningside Drive schrieb Heinrich nun, vorzugsweise am Sonntagabend, seine Briefe an Hannah, wenn diese auf Reisen oder lehrend abwesend war – was auch künftig, allen anderslautenden Vorsätzen zum Trotz, häufig vorkam. Die «Doppelmonarchie» basierte folglich auf einem selbständigen Arbeitsbereich für beide. Weiterhin auch auf der Abmachung, die beide nach Heinrichs Affäre noch 1949/50 getroffen hatten: daß sie voreinander keine Geheimnisse haben würden und daß beider «Kontinuität» in jedem Falle tiefer reiche als jede erotische Anfechtung.

Die Abmachung bedeutete, anders als beispielsweise im Falle von Sartre und Beauvoir, keinen Freibrief für bewußt fortgesetzte Libertinage. Sie zog im Gegenteil einen Schlußstrich unter das Vorgefallene im Bewußtsein, sich gegenseitig Freiheit zu gewähren und eben dadurch verbunden zu bleiben. Heinrich wurde nun vollends zum Empfänger all der ungefilterten Ängste und Hoffnungen, die Hannah in bezug auf Martin Heidegger noch immer hegte. Gleichgültig, ob es sich dabei um die Angst handelte, Heideggers Produktivität könnte in Depression versiegen, oder um die umgekehrte, übersteigerte Hoffnung, daß beider Wiedersehen ihn erneut zu einer Leistung wie einst in «Sein und Zeit» anspornen möge (so am 24. 5. 1952 aus Freiburg): Der getreue Heinrich erhielt es mitgeteilt. Blücher nahm damals auch Hannahs Pariser Frühlingsverse mit gebührendem Verständnis auf, hat sie seinerseits in einigen Zeilen noch verbessert. Hannahs Gedicht lautete: «Erde dichtet Feld an Feld / Pflicht die Bäume ein daneben, / läßt uns unsere Wege weben / um die Äcker in die Welt ... Menschen gehen unverloren – / Erde, Himmel, Licht und Wald – / jeden Frühling neu geboren/ in dem Spiel der herrlichsten Gewalt.» Heinrich lobte das Gedicht («schön wie ein Frühlingslied von Uhland»), schlug Georgesche Kleinschreibung vor und dazu die – in der Tat verbesserte! – Fassung: «himmel blaut und grüßt gelinde/ sonne spinnt in warmen ketten .../ im spiel der sanften allgewalt» (10. 5. 1952). Im Gefühl ehelicher Zusammengehörigkeit, aber auch erneut beeindruckt von der Erfahrung, wie sehr sie doch von der Regelmäßigkeit seiner Briefzuwendungen abhängig erschien, schrieb Hannah damals die programmatischen Sätze: «Ja, Liebster, unsere Herzen sind eins an das andere gewachsen und unsere Schritte gehen im Gleichmaß ... Diese Narren, die glauben, Treue sei, wenn das Leben aufhört ... Sie bringen sich ... um das Leben überhaupt. Wenn es nicht so gefährlich wäre, sollte man der Welt doch einmal erzählen, was eine Ehe wirklich ist» (München, 13. 6. 1952). Doch was schien daran «gefährlich»? Die ordnungspolitische Lässigkeit, welche die sakrosankte Ehe im Namen des Lebens und seiner Lebendigkeit preisgab? Oder die Angst davor, daß das Glück, zu laut beschrien, jäh enden könne?

Heinrich antwortete auf ihre Treueversicherung, als er am 28. Juni 1952 über seinen besten Freund Robert Gilbert etwas schrieb, was auch ihn selbst kennzeichnete: daß nämlich Gilberts Liebe zu Frauen, seine libertinäre Veranlagung, sich nicht mehr ändern werde. Heinrich fuhr freilich fort: «Wenn man das erst versteht, lebt es sich gut zusammen mit den Menschen, die man liebt ... Aber leider kann man dafür keine dummen Frauen gebrauchen ...» Wie immer der Plural delikat erschien – Heinrich traf den entscheidenden Punkt: daß beider Form der Ehe die gegenseitige Einfühlung, eine Form der erotischen Hermeneutik, verlangte, eben weil sie auf wirkliche Selbständigkeit der Partner gebaut war. Schon Nietzsche habe gewußt, formulierte Hannah kurz vor ihrer Heimkehr im August 1952, daß es die Wahrheit immer nur «zu zweien» (1. 8. 1952) gäbe. Friedrich Nietzsches Spruch aus der «Fröhlichen Wissenschaft»: «Einer hat immer Unrecht: aber mit zweien beginnt die Wahrheit» wurde auf diese Art zum Wappenspruch der Arendt-Blücherschen Ehe.

Für Heinrich stand fest: Alle Beziehung zwischen Menschen war im Sinn des Aristoteles auf die *philia*, also auf die Zuneigung in ihren sehr verschiedenen Abstufungen, gegründet. Seine Notizen halten eine absteigende Reihenfolge fest: «Anerkennen des ganzen Menschen von innen her – Liebe; Anerkennen der ganzen Persönlichkeit von innen her – Freundschaft; Anerkennen einer unabhängigen Person – politische Beziehung; Anerkennen eines Einzelnen als Mitglied der Gesellschaft; Anerkennen von Fremden als Kollegen.» Die Anerkennung des anderen Menschen von innen her bedeutete notwendig auch die aktive Förderung von dessen Eigenarten. Nichts anderes meinte ja auch das Augustinische Liebesmotto «Ich will, daß Du seiest». In seiner letzten Vorlesung im Jahr 1968, unmittelbar vor seiner Emeritierung mithin, führte Heinrich aus, daß Freundschaft bleiben müsse, wenn der Eros abnimmt. Wollten zwei Menschen wirklich zusammengehören, sollten sie sich gegenseitig «die Entwicklung ihrer Persönlichkeit garantieren» können. Eros und Freundschaft folglich als die Motoren der «Entelechie», der lebenslangen Entwicklung im Sinn von Aristoteles und Goethe. In diesem Sinne hatten die beiden nicht nur den «Faust» gelesen und miteinander diskutiert. Hannah Arendt und Heinrich Blücher führten eine sozusagen «klassische» Ehe miteinander.

Die Selbständigkeit in der Partnerschaft, das Selbstdenken des weiblichen Individuums garantierte dessen Emanzipation als Frau. Als Hannah im Herbst 1953 in Princeton das Christian-Gauss-Seminar geleitet hatte, als erste Frau in dieser Funktion, verbat sie es sich, in der Rolle einer «Ausnahmefrau» gesehen zu werden – untersagte es sogar mit dem stark polemischen Hinweis auf die Rolle des «Ausnahmejuden» in der europäischen Geschichte. Im beruflich-intellektuellen Bereich galt selbstverständliche Gleichheit. Die wiederum erlaubte im privaten Bereich, bestimmte traditionelle Facetten jüdischen Frauseins, in Übereinstimmung mit den von Hannah selbst beschriebenen warmherzig-liebenswerten Paria-Eigenschaften des jüdischen Volkes, beizubehalten. Das mag hinter Arendts Interview-Äußerung stehen, zitiert noch in ihrem Nachruf in der «New York Times»: «Mich stört es überhaupt nicht, als Frau Professor zu sein, weil ich mich an das Frausein ganz gut gewöhnt habe.» Das schloß für sie ein, daß sie, eine weltberühmte Denkerin, ihrem Heinrich selbstverständlich die Pantoffeln holte, wenn der Mann aus der Kälte New Yorks zu ihr nach Hause kam. Im praktischen Leben allerdings halfen philosophische Maximen wenig. Hier mußten pragmatische Übereinkünfte gefunden werden. Jarrell konnte zu seiner Verblüffung feststellen, daß beide einander so behandelten, daß jeder glauben konnte, er sei der eigentliche Herr im Haus. In den Seminaren, die sie zu Hause miteinander abhalten konnten, half es Hannah nichts, daß sie die weitaus Berühmtere war, so wenig, wie Blücher nur deshalb recht erhielt, weil er den Mann abgab. Wie immer Hannah in den entscheidenden Jahren die Ernährerrolle ausgefüllt hatte – am Bard College, dort zu Besuch mit Heinrich, kam ihr lediglich der Part von Professor Blüchers Ehefrau zu. Daß sie sich etwa mit ihrem väterlichen Gesprächsfreund Jaspers augenzwinkernd über das Autodidaktische in Heinrichs Philosophieren verständigt hätte – das wäre Verrat und mithin ganz ausgeschlossen gewesen.

Wachsende Eigenwelten

Wenn die Sonne am höchsten steht, naht der Nachmittag. Bereits zu Beginn der fünfziger Jahre begannen beider Projekte sich zunehmend voneinander zu trennen. Zwar arbeitete Arendt auch nach 1952 in Europas Bibliotheken an ihrer Studie über die totalitären Elemente im Marxismus, als Ergänzung zum Totalitarismusbuch. Daraus erwuchs das später hinzugefügte, berühmte Schlußkapitel «Ideologie und Terror». Ein eigenständiges Buch zu diesem Thema kam nie mehr zustande. Eine schrittweise Abnabelung. Beispielsweise vermochte Hannah auf ihrer zweiten Europareise nach dem Weltkrieg, sie besuchte wiederum Paris, kein sonderliches Interesse für die französischen Existentialisten zu fassen – mit der einen Ausnahme von Camus, dem «besten Mann, den es augenblicklich in Frankreich gibt». «Sartre et al. will ich nicht sehen; das ist sinnlos. Die ... leben auf einem hegelianisch eingerichteten Mond» (24. 4. 1952). Hannahs wirkliches Interesse galt im Gegenteil einem Politiker und Militär: Henri Fresnay. Gewiß, der Mann war «masculini generis» und mithin anziehend. Doch Arendt war politisch motiviert, zeigte den charakteristischen Reflex aus der jahrelangen gemeinsamen Arbeit mit Heinrich. Fresnay, so schreibt sie nach New York, «erzählte von den politischen Morden, die die Kommunisten sofort nach der Befreiung im Namen der Résistance unter ihren Gegnern in der Résistance begangen haben und die sich nach ihm in die Zehntausende beliefen» (1. 5. 1952 aus Paris). Solche Nachforschungen gehorchten noch immer dem gemeinsamen Erkenntnisinteresse, erscheinen zudem im Licht des 1997 erschienenen französischen «Schwarzbuchs» über den Kommunismus von ganz aktuellem Interesse. «Ich will diese dunkle Geschichte genau wissen ... Man tut für seinen Stups eben, was man kann.»

Arendt ging in den folgenden Jahren von der Arbeit des Historikers immer unmittelbarer zur politischen Theorie im engeren Sinn über. Als Lehrende an den verschiedenen Universitäten befaßte sie sich verstärkt mit der Geschichte der politischen Philosophie, schließlich auch der amerikanischen Revolution. Sie begann sich auf das zu konzentrieren, was sie an der deutschen Philosophie, und darin ganz im Einklang mit Heinrich, nach dem Krieg nur noch verstärkt vermißte: eben den Bezug auf die Politik. Den in ihrer politischen Philosophie stets so favorisierten «Anfang», den Konrad Adenauers damalige Politik für Deutschland zu machen trachtete, verfolgte sie mit Mißtrauen, hoffte eher auf eine baldige europäische Union. (An Adenauer kritisierte sie übrigens, daß der die Sowjetunion «noch schlimmer» gefunden hatte als das nationalsozialistische Deutschland.) Auch von der damals viel vertretenen These, wonach der Marxismus als sowjetische Staatsdoktrin die Züge einer neuen Religion trage, wünschte sich Hannah abzugrenzen. Sie bestritt die Gleichsetzung und wandte sich in «The Ex-Communists» zugleich dagegen, in der Religion ein Heilmittel gegen den Totalitarismus zu erblicken. Arendt wie Blücher waren zu sehr liberale Skeptiker und Ironiker, um nicht den religiösen Eifer in der Politik als eine neue, alte Quelle politischer Gewalt zu fürchten. Zudem erschien nach ihrer Überzeugung der moderne Totalitarismus als ein Phänomen sui generis; etwas beispiellos Neues, dem historische Vergleiche lediglich begrenzt beikämen. Die Jahre zwischen 1952 und 1955, dem Jahr ihrer ersten hauptberuflichen Professur in Berkeley, waren für Hannah Arendt also noch einmal Jahre des Lernens. Stipendien (der Guggenheim Foundation vor allem) ermöglichten dies. Sie las und diskutierte mit ihrem Mann Machiavelli, Hobbes, Rousseau, Montesquieu, Locke, Tocqueville und auch Marx, daneben Rosa Luxemburgs Buch über die Russische Revolution – stets interessiert an einem möglichen Ersatz der verknöcherten, volksfernen politischen Parteien durch Formen direkter Rätedemokratie. Darin verfügte sie immer noch über einen Vorrat gemeinsamer Überzeugungen mit dem ehemaligen Anarchisten Heinrich.

Hannah Arendt in Berkeley

Vom Februar bis zum Juni 1955 bestritt Hannah Arendt als Gastprofessorin am Department of Political Science der kalifornischen Universität die folgenden Veranstaltungen: einen Grundkurs über «Grundsätzliche politische Erfahrungen unserer Zeit», ein Seminar über Totalitarismus und eine dreistündige Vorlesung über politische Theorie, die vor allem auf Machiavelli und Montesquieu einging. Damit war ein bemerkenswertes Reiseerlebnis verbunden. Hannah Arendt fuhr mit dem Zug zu ihrer akademischen Anstellung, von New York nach Kalifornien. Sie genoß dieses Bekanntwerden mit dem Riesenkontinent nicht weniger als das Reisen selbst und die Coupébekanntschaften dabei. Das Reisen als besondere Lebensform hatte sie immer schon geliebt (vor allem, wenn sie dabei Heinrichs regelmäßige Briefe begleiteten). Auf ihrer Zugfahrt nach Berkeley durchquerte sie ganz verschiedene Klimazonen und Höhenbereiche und erlebte Natur, «als ob man Zeuge der Schöpfung würde». «Man fährt tagelang ... durch Schneewüsten, über die der Wind bläst und die Sonne aufgeht, und die Sterne sind auch da. Und wenn die Sonne aufgeht, weiß man: Da erschuf er Morgenröte.» Doch Hannah wäre nicht die deutsche Jüdin gewesen, die sie war, wäre ihr angesichts der grandiosen Naturkulisse nicht noch Grandioseres aus der Literatur eingefallen. Erneut korrespondierte sie mit Heinrich im Medium von Goethes «West-östlichem Divan». Ihr Blick aus dem Fenster des Zuges vermittelte den Eindruck, daß – Zitat aus dem «Divan» – «das All mit Machtgebärde in die Wirklichkeit» übersetzt worden sei (4. 2. 1955).

Noch eine andere Premiere wurde damals Ereignis. Hannahs Berkeley-Aufenthalt brachte zum ersten Mal ein neues Kommunikationselement ins Spiel: Man war nun in der Lage, regelmäßig telefonischen Kontakt zu halten. Wie elektrisiert von dieser Aussicht, teilte gleich ihr erster Brief die

Telefonnummer mit. Künftig wird man, regelmäßig zum Wochenende, ausführlich miteinander sprechen. Erst darauf folgte die Schilderung der akademischen Umgebung; die umgab den Fernsprecher auf dem Campus gleichsam nur als Rankenwerk. Doch notierte sie für Heinrich getreulich ihre Eindrücke: Fremd kam sie sich hier vor, gerade weil sie, eine neue Erfahrung, als bekannte Autorin empfangen wurde (4. 2. 1955). Die Universität selbst erinnerte die Königsbergerin an eine «Riesenfabrik» – fremd, doch auf eine fast erschreckende Weise hochinteressant. Untergebracht war sie in einer Art «Mönchszelle». Ihr Zimmer wurde vom Personal aufgeräumt. Für alles Essen sorgten Dienstkräfte. Die Berkeley University stand für diese Besucherin anfangs unter einem unverkennbar deutsch-europäischen Ungeist-Verdacht. Freiburgs akademische Provinz ließ grüßen. Nichts zeigte dies deutlicher als Hannahs Verzweiflung darüber, daß das hochgemute Nietzsche-Gedicht «Aus hohen Bergen» in der amerikanischen Ausgabe – als «charming» charakterisiert wurde. Noch ihr zweiter Brief an ihren Mann nennt in erster Linie Fremdheitserfahrungen. An der Universität hatte damals der Fraktionskampf zwischen den Gegnern McCarthys und seinen Befürwortern getobt. So geschah es, daß ein pensionierter General die Besucherin zu einem Vortrag über Totalitarismus einlud – ohne offenbar ein Wort von ihr gelesen zu haben. «Totkomisch; er möchte wissen, ob ich für oder gegen totalitarism bin, nur um zu wissen, wohin er mich tun soll, in seinem Programm.» Selbst das kalifornische Klima mutete sie zwar phantastisch, aber eben auch sehr fremd an: «Das wirkliche Wunder hier ist ja doch das Klima ... Dir ist nie zu kalt und nie zu warm ... Es ist schon zu verstehen, daß die Leute hier so meschugge spiritualistisch werden» (12. 2. 1955).

Doch diese Eindrücke standen lediglich am Beginn wirklicher Erfahrung. Hannah Arendt wurde weder «meschugge» noch «spiritualistisch»; vielmehr setzten sich ihr Realismus und ihre Erfahrungsoffenheit durch, jene besondere Vorurteilslosigkeit des Erlebens und Denkens, die sie auszeichneten. Jetzt vermochte sie die Schönheit von San Francisco wahrzunehmen, die Lichterketten in den Hügeln, den berühmten Brückenbogen, den schwarzen Strand des Pazifik mitsamt seinen gefährlich langen verlockenden Wellen. Die Stadt erschien ihr jetzt wie ein vergrößertes Lissabon, mit sehr eigener «Eleganz», ganz «offensichtlich von Rentnern bewohnt». Auch die Universität stellte sich nun in nuancierterem Licht dar. Hannah anerkennt jetzt die angelsächsisch-amerikanische Besonderheit, wonach, im Unterschied zu Deutschland, politische Gegnerschaft nicht notwendig zur persönlichen führte. «Dieser Fraktionskampf hat hier sehr gewütet, wie die Liberalen mir mitteilen; dennoch hat dies nichts für persönliche Beziehungen zu besagen. Alles ist von äußerster Höflichkeit, very genteel, sehr gut erzogen, und nach der New Yorker und jüdisch-Brookliner Formlosigkeit eine wahre Erholung» (12. 2. 1955).

Die europäische Skeptikerin Hannah erkannte damals sogar die Bequemlichkeiten des amerikanischen «positiven Denkens» an. In Seminar und Department, sie sieht es wohl, schmeichelte jeder jedem. Das besaß freilich den Vorteil, daß man ihr wirklich überließ, wie sie Unterricht und Lebensstil anzulegen gedachte. Die Deutsche kam sich luxuriös versorgt vor: mit einem großen Büro ausgestattet, das nur wenige Gehminuten von ihrer Schlafzelle entfernt lag, insgesamt wie in Watte gehüllt. Doch wäre Arendt nicht sie selbst gewesen, hätte sie nicht gleichwohl Angst vor ihrer ersten Vorlesung entwickelt. Die Gastprofessorin arbeitete hektisch. Stand Tag für Tag pünktlich um 7 Uhr auf. Dann endlich der erleichternde Erfolg: die Seminare und die Vorlesung überlaufen, ihr Unterricht Campusgespräch. Und doch gab die Professorenrolle keineswegs eine wirklich gewünschte Existenzvariante für sie ab. Die nervliche Belastung stieg kontinuierlich an. Was gewonnen war, konnte wieder verlorengehen. «Wenn das so weitergeht, wird von mir nicht viel übrig sein bis Juni.» Hannah fühlte sich in ihrer Substanz bedroht innerhalb der grandiosen kalifornischen Kulisse aus Natur und akademischer Gelehrsamkeit. Das mag erklären, warum sie am 19. Februar 1955 nach New York schrieb: «Es ist wie ein Zaubergarten. Alles was hier von Übel ist in der Natur, ist nicht geradezu ... sondern gewissermaßen hinterrücks – poison oak, wo Du es nie vermutet hättest, oder, ich nehme an, Schlangen, oder viel auffälliger sehr viele Leute, die an bösem Asthma leiden, and so on. Heimtückisch.»

«Heimtückisch.» Spiegelte sich darin nicht die Auffassung der eigenen Situation? Anders als Heinrich, für den Lehren Lebenstätigkeit bedeutete, fürchtete Hannah, von der Situation des Dauernd-in-der-Öffentlichkeit-Stehens ausgehöhlt, vernichtet zu werden. Anders als Heinrich zehrte der soziale, der öffentliche Aspekt des Lehrens sie aus. Ihr fehlte die Ruhe der Schreibstube, das eingezogene Leben des Autors. Sie mußte folglich ihre Lehrverpflichtungen dosieren wie ein verzehrendes, dabei auch süßes Gift. Ein Brief vom 8. März 1955 faßte diesen Tatbestand zusammen: «Kein Erfolg hilft mir über das Unglück, ‹im öffentlichen Leben› zu stehen, hinweg ... Ich komme mir vor wie Marx' vergesellschafteter Mensch.» Darin lagen auch einige, wie immer eher persönliche Motive für Arendts lebenslange Skepsis gegenüber der modernen, der mediengesteuerten, der prinzipiell «öffentlichen» Massengesellschaft, deren Licht, Heidegger zufolge, «alles verdunkelt».

Dennoch war dies nur die eine Seite der Medaille. Arendt genoß den Kontakt mit den Studenten. Sie wurde immer wieder in Studenten-Clubs eingeladen, nahm solche Termine auch wahr. Sie wurde zur persönlichen Ratgeberin ihrer Studenten, bei denen sie als «terrific», als phantastischer Kommunikationspartner galt. «Meine undergraduates überschütten mich mit Gedichten, Malereien, Essays and what not» (19. 5. 1955). Und unter dem 30. März 1955 teilte sie Heinrich mit: «Komisch ist, daß überall die Studenten of german origin, die hier in Kalifornien geboren, ohne ein Wort deutsch (man erkennt es an den Namen) aufgewachsen sind, herausstechen, wenn es zu philosophischen oder rein theoretischen Fragen kommt.» Die Forschungsmöglichkeiten an der großen Universität erwiesen sich als überwältigend. Dazu kamen wohltuend unakademische Bekanntschaften – so mit Eric Hoffer, dem philosophierenden Hafenarbeiter von San Francisco, der ihr den Hafen zeigte wie ein König sein Reich. So auch mit dem Politikwissenschaftler Richard Löwenthal, der sie unter die «redwoods», die kalifornischen Riesenbäume, führte: «Das war ungeheuer. Als hätte man immer nur Wälder gesehen, aber nie einen Baum in seiner vollen Majestät ... Das hat Goethe nicht gekannt, sonst hätte er sich um des Baumes Blatt, das aus Osten meinem Garten einverleibt, gar nicht so sehr gekümmert» (19. 5. 1955). Inmitten der kalifornischen Natur relativierte diese Königsbergerin doch tatsächlich Goethes Bewunderung für den «Gingko Biloba».

Angesichts von Heinrichs neuerrungener Dauerstellung und Hannahs kalifornischer Erfahrung beschlossen die beiden, Hannahs Lehrtätigkeit künftig wirklich in Grenzen zu halten. Heinrich, einfühlsam wie stets, machte den Sachverhalt deutlich: «Und Du bist für das Lehren und überhaupt für den Bereich der großen Welt nicht gerade geboren, obgleich Du es, wenn es sein muß, besser kannst als die meisten. Aber es kostet Dich zu viel» (17. 4. 1955). Hannah selbst summierte ihre Erfahrungen am Ende des Semesters: «Eines ist sicher: Ich kann nicht zur gleichen Zeit schreiben und lehren; dies sind zwei Tätigkeiten, die sich fundamental entgegenstehen und die ich zu verbinden nicht das Talent habe.» Sie machte anschaulich, in welch prägnanter Weise ihre Lehre der Gewinnung von wissenschaftlichem Neuland diente: «... das Lehren hat mich überstimuliert; manchmal kommen mir die Gedanken vor wie Fliegen, die sich auf mich setzen und mir das Lebensblut aussaugen – weil ich sie nicht abschütteln kann durch Schreiben» (25. 5. 1955). Erst das Schreiben machte Hannah das Nach- und Neudenken erträglich; gerade diese Eigenschaft bestimmten sie zu einer Intellektuellen. Am Ende der kalifornischen Erfahrung stand dementsprechend große Erleichterung: «Dann nach Hause, und nie wieder Krieg», schrieb die Scheidende am 26. April 1955 an Heinrich, der sie erwartete.

Noch einmal in der Alten Welt

Nur allzubald führte Hannah erneut «Krieg». Bereits am 1. September 1955 brach sie zu ihrer großen Europareise auf, die sie nicht nur nach Israel, sondern auch nach Deutschland, Frankreich, die Schweiz, Italien, Griechenland, der Türkei, Luxemburg und England führen sollte. Die Reise wird erst am 20. Dezember 1955 enden. Die Europäerin Arendt, als eine auf englisch publizierende Autorin weltweit bekannt geworden, besuchte zum ersten Mal ihren gesamten Herkunftskontinent. Nicht mehr Paris, das sie als überlaufenen Touristenort und dessen Intellektuelle sie wortwörtlich als «in Hegel verkommen» erlebte (8. 9. 1955), gab ihr eindrückliche Erlebnisse – sondern vor allem Italien, das Land der Antike und der Renaissance. Sie bewunderte die Mosaiken in Ravenna, besuchte ausgiebig Venedig. «San Marco, wie ein Zimmer. Und die Brücken des Nachts im Vollmond» (8. 9. 1955) – das überwältigte sie. Wie auch die Tatsache, daß sie zusammen mit Mary McCarthy, der engsten unter all ihren amerikanischen Freundinnen, das alte Europa wiederentdecken durfte. Beide Frauen kannten sich seit 1944, Mary unterrichtete zeitweise ebenfalls am Bard College. Ihre Freundschaft war zustande gekommen auch aufgrund des Interesses, das die amerikanische Schriftstellerin an Europa und seiner Literatur nahm. Mary erlebte Hannah als ausgesprochen «europäisch»: voll von skeptischem Witz und «elektrischer Energie». Beide verband eine romantisch-intensive Beziehung, nach den Worten Carol Brightmans (der Herausgeberin ihres Briefwechsels) «not sexual ... but not entirely platonic either». Dementsprechend gibt ihr umfangreicher Briefwechsel vor allem über die Sicht dieser beiden Frauen auf Liebe und Ehe Auskunft.

In Venedig galt damals erneut, was Hannah zuvor schon aus Deutschland geschrieben hatte: «Und die Erde zeugt sie wieder, wie sie immer sie gezeugt.» Im tröstlichen Geist dieser Goethe-Sätze erlebte Hannah das frühherbstliche Venedig. Vorstellbar, daß die Lagunenstadt ihr (und ihrer europabegeisterten Freundin) ähnlich gegenübertrat wie vor beiden schon dem Lyriker Rainer Maria Rilke. Rilke, einer von Hannahs Lieblingsautoren, hatte in «Spätherbst in Venedig» die Rückkunft der mythischen Renaissance-Herrscherin über die Adria bedichtet: «Nun treibt die Stadt schon nicht mehr wie ein Köder ... / Die gläsernen Paläste klingen spröder / an deinen Blick ... / als sollte über Nacht / der General des Meeres die Galeeren / Verdoppeln in dem wachen Arsenal, / um schon die nächste Morgenluft zu teeren / mit einer Flotte, welche ruderschlagend / sich drängt, und jäh, mit allen Flaggen tagend, / Den großen Wind hat, strahlend und fatal.»

Den großen, strahlenden Wind einer jahrhundertealten Geschichte erlebte in diesen Tagen auch Hannah Arendt. «Fatal» wurde er womöglich in seinen Auswirkungen auf ihr Verhältnis zu Israel. Trunken von einer «unglaublichen, schönen Welt», besah sich die Königsbergerin Ferrara, Bologna und Padua. Eine exilierte Europäerin durchlief den Rückkehr-Schock des Déjà-vu: «Dazu fühlt man sich in dieser Landschaft nirgends fremd, alles längst bekannt und vertraut, nur vergessen oder nie gekannt ... Europa ist hier irgendwie Wirklichkeit, und zwar nicht die Herrlichkeit der errichteten Welt, der durchgebauten Landschaft – Weinreben zwischen den Bäumen wie Girlanden, alles mit allem verknüpfend –, sondern in der Alltäglichkeit des Lebens, der kleinen Trattoria, des winzigen Cafés im Städtchen» (10. 9. 1955). Berge von Postkarten sollten Heinrich in New York die Eindrücke der Europatrunkenen vermitteln. Ihre Begeisterung galt der Landschaft und dem Leben der «gewöhnlichen» Leute gleichermaßen. Europas Intellektuelle hingegen sieht die geschichtsbegeisterte Arendt eher als ein «Lumpengesindel». Der internationale, glänzend besetzte Kongreß in Mailand, ein Treffen von Intellektuellen aus der ganzen Welt und der eigentliche Anlaß dieser Reise, trat vollständig in den Hintergrund. «Morgen bin ich hier dran, ist mir todwurscht, bin noch nicht mal aufgeregt» (13. 9. 1955).

Der Mailänder Kongreß und das ekstatische Italienerlebnis rührten an etwas, was für Arendts Identität schon immer zentral gewesen war (und später dann im Eichmann-Streit das Herzstück abgeben würde): das Verhältnis dieser deutschen Jüdin zu Israel. Arendt traf nämlich den alten Freund Kurt Blumenfeld und dessen Frau wieder. Die lebten nun in Israel. Hannah erlebte ihn als einen «Gefangenen» und die Frau sogar als «aggressiv bösartig» (17. 9. 1955). Dabei sorgte die Königsbergerin auf dem westdeutschen Konsulat in Genua dafür, daß die Blumenfelds das bundesdeutsche Visum erhielten. Doch ihre Verhandlungen mit dem Konsul konnten den Blumenfelds nicht so recht gefallen, verliefen sie doch auf der landsmannschaftlichen Schiene – sie überzeugte nämlich einen Mann, «der stark ostpreußisch sprach; (habe) ihm gleich erklärt, wir alle seien Landsleute». Anschließend schrieb sie aus ROMA an Heinrich: «Die Frau typisch israelische Atmosphäre, die ich auf dem Kongreß schon ein bißchen in Gestalt der israelischen Delegierten zu spüren bekam. Durch die Herrlichkeiten gehen sie mit verkniffenen Lippen, als seien sie neidisch auf jegliches, was ein anderes Volk gemacht hat: Und hier ist ja einiger Grund, neidisch zu werden» (17. 9. 1955). Liegt in diesen Sätzen aus ROMA – über das der Goethe der «Italienischen Reise» einst geschrieben hatte: «Bin ich endlich in dem, was meines Vaters ist» – nicht eine Art Identitätswahl? Hannah Arendt jedenfalls sah die Wurzeln ihrer geistigen Existenz eher in der (durch deutsche Schule, durch Universität und Goethe vermittelten) Antike als in einer neuzuschaffenden israelisch-jüdischen Identität. Das bedeutete freilich alles andere als «jüdischen Selbsthaß» oder auch nur ein Fragezeichen hinter die Notwendigkeit der Existenz eines jüdischen Staates. Es bedeutete jene Freiheit und Weite des humanistisch-europäischen Blicks, gewonnen auf klassischem Boden, der dann in der Eichmann-Kontroverse zu erbitterten Angriffen führen wird.

Hannahs Reiseenthusiasmus vermittelte sich derart intensiv, daß Heinrich fast neidisch wurde. Der Mann pries mit Nietzsche das Leben im verborgenen, verdächtigte gar Italien und Griechenland, bloße Stätten für öden Massentourismus zu sein. Doch gute Nachrichten aus Bard entspannten ihn schon bald wieder. Überraschenderweise fand Hannah dann gerade Griechenland der italienischen Landschaft und vor allem der italienisch-lateinischen Volksintelligenz deutlich unterlegen – andererseits aber doch frei von der römischen Melancholie, in allem Mangel an Schönheits-Überfluß «stark» (griechisch geschrieben), gekennzeichnet durch eine unerwartete Helligkeit der Pinien, Zypressen und Olivenhaine. «Habe heute eine schwarze direkt vom Baume gegessen. Sie fiel mir in den Mund» (29. 9. 1955). Sokrates könne sie nicht mehr finden, meldete sie, dessen Geist sei ausgewandert; sie aber besuche den Peloponnes, Olympia, Epidauros, Mykene, Korinth und Argos, bade in Nauplia.

Hannah nahm damals einen vielleicht zu großen Eindruck vor allem der griechischen Inselwelt mit nach Tel Aviv; sie trennte sich mit einem Goethezitat von Athen. In Israel angekommen, meinte sie nur noch erbitterten Nationalismus, auch Angst wahrzunehmen: «Jeder hat Angst vor dem Krieg *und* ist ein Kriegshetzer.» Sie diagnostizierte ferner (bereits 1955!), daß die Rolle der Kibbuzim ausgespielt sei, registrierte den Machtzuwachs der Orthodoxie: «die machthungrige schwarze Bande» (22. 10. 1955). Das sind harte Urteile. Gemildert werden sie durch den warmherzigen Eindruck, den sie von den Jungen im Lande empfängt. Dann liest man: «Freitag früh geht es nach Istanbul, und den 31. bin ich wieder in menschlichen Gegenden, nämlich in Zürich und Basel» (22. 10. 1955). Endlich wieder die leuchtenden Herbstfarben der Züricher Wälder. Am liebsten, schreibt diese Mitteleuropäerin, hätte sie vor «Glück geschrieen» (1. 11. 1955). Nach Basel, zum Ehepaar Jaspers kehrte Hannah geradezu heim: «Ich erhole mich rapide von den Schrecken Israels ... unter der gleichmäßigen Helle und Heiterkeit mit Jaspers, daß ich mir schon Vorwürfe mache» (6. 11. 1955).

Doch auch 1955 war die «Heimkunft» nur von kurzer Dauer. Hannahs nächste Europareise stand vor der Tür. Sie sollte sie direkt in die Turbulenzen der Weltpolitik führen, in die Zeit des Ungarnaufstandes. Wenn man so will: Das Studium der amerikanischen Revolution wurde nun durch die zeitgenössische Anschauung der ungarischen ergänzt. Daraus ergab sich noch einmal eine intensive Gemeinsamkeit mit Heinrich, in Furcht wie in Hoffnung. Die alte Angst dieser beiden durch den Weltkrieg gehetzten Emigranten erneuerte sich im Zeichen der Weltkrise, die im November des Jahres 1956 anstand. Handschriftlich setzte Hannah damals ihrem Brief (vom 5. 11. 1956) hinzu: «Das kann gut heißen, daß nun der dritte Weltkrieg wirklich vor der Tür steht; und wenn er kommt, wird er kommen wie die Ereignisse jetzt – keine Kriegserklärung! ... Ach, Liebster, wie düster ist die Welt, und wie verloren bin ich in ihr, wenn wir nicht beisammen sind.»

Das beschrieb aber nur die eine Seite. Andererseits bewunderte Hannah verblüfft die spontane Organisation des ungarischen Rätesystems. Auf so etwas konnten sich Hannah und Heinrich mit Begeisterung einigen – die Rätedemokratie als die einzige zeitgenössische Alternative zur totalen Herrschaft einerseits und zum verkalkten Parteiensystem andererseits. In Arendts Buch über die ungarische Revolution (1958) sollten daraus die hoffnungsvollen Sätze werden: «Wenn es je so etwas gegeben hat wie Rosa Luxemburgs ‹spontane Revolution› ... ohne die Führung selbst einer Partei, also etwas, das jedermann, Konservative wie Liberale, Revolutionäre wie Radikale längst ... hinter sich gelassen haben – dann ist es uns vergönnt gewesen, wenigstens Zeuge davon gewesen zu sein.» Dieser Plural bezieht Heinrich mit ein. Beider Briefwechsel war dem Buch vorausgegangen. Und dennoch: Die politische Aufregung mag verursacht haben, daß Heinrich es glatt vergaß, der in Europa weilenden Hannah in diesem Herbst zu ihrem 50.(!) Geburtstag zu gratulieren. Der Mann holte es, charmant, wie nur er es vermochte, nach: «Es ist ein gutes Gefühl, einen so großen Teil Deines ersten halben Jahrhunderts mit Dir zusammen gewesen zu sein, und ich bin schon darum durchaus für mehr» (zweite Oktoberhälfte 1956).

1958 kam eine weitere Europareise Hannahs zustande. Zwar durchaus nicht mit Blick auf die Laudatio zur Friedenspreisverleihung an Karl Jaspers geplant, korrespondierten, telegrafierten und telefonierten Hannah und Heinrich eifrigst, verständigten sich in dieser Frage über den Atlantik hinweg. Hannah betrachtete nämlich ihre Jaspers-Laudatio zugleich als Emanzipation und – wie immer ungewollte – Distanzierung von Heidegger. Fürchtete dessen Feindseligkeit als Folge einer ihr «nicht zustehenden» Aktivität. Heinrich stärkte ihr auch in dieser Sache den Rücken. Blücher – der seinerseits Hannahs wiederholten Versuchen, ihn in ihren Verkehr mit «ihren beiden Philosophen» einzubeziehen, als Briefpartner oder als Besucher hinhaltenden, letztlich erfolgreichen Widerstand entgegensetzte und beispielsweise nur einmal, im August 1969, mit Hannah zusammen zu Besuch beim Ehepaar Heidegger war – Heinrich also riet ganz entschieden zu. Wieder einmal bewährte sich seine phänomenale Fähigkeit, das anzuraten, was dem anderen förderlich war. «Feierlichkeit ist natürlich immer unangenehm. Aber für einen Freund. Da kann man sich sogar in die Paulskirche stellen ...» (1. 6. 1958). Hannah Arendt stellte sich als Laudatorin in die Paulskirche.

Noch einmal Wohnungswechsel

Arendts Europaaufenthalt endete 1958 wie im Film: Ihr wurde im Frankfurter Hotel, gleich nach ihrer Ankunft, der gesamte Schmuck gestohlen. Heinrich kommentierte dies auf seine Berliner Art: «Und ich habe mich fast krank gelacht über den Diamantendiebstahl, dem Du, als ob Du Tiffany wärest, zum Opfer fielst. Die schweren Jungen haben Dich für die reiche Tante aus Amerika genommen» (4. 10. 1958). Arendt war gewiß keine «reiche Tante aus Amerika». Doch hatte sie durchaus aufs Geld zu sehen gelernt und war durch Honorare und Tantiemen schon fast wohlhabend – eine gut honorierte Größe im amerikanischen und europäischen öffentlichen Leben. Das brachte unmittelbar politische Verpflichtungen mit sich; darunter solche, an denen Heinrich nun so gut wie gar keinen Anteil mehr nahm. Beispielsweise wurde Hannah in die «Little-Rock»-Kontroverse um die staatlich durchgesetzte Aufhebung der Rassentrennung in den Schulen der amerikanischen Südstaaten einbezogen. Sie sprach sich, unerwartet für eine Anwältin der Diskriminierten, gegen eine gesetzliche Erzwingung von Gleichstellung aus.

Die Veröffentlichung ihrer Stellungnahme fiel in den Winter 1959. Merkwürdigerweise taucht die «Little-Rock»-

Diskussion, allgemein als schwerwiegender Vorläufer der Eichmann-Kontroverse verstanden, in ihren Briefdiskussionen mit Heinrich nicht auf. Hannahs Diskussionspartner war damals der schwarze Bürgerrechtler und Schriftsteller Ralph Ellison. Ihm gelang es, Arendt zum Umdenken zu bewegen. Auch ihre Arbeit an dem Buch «Vita Activa», von den späten fünfziger Jahren bis hin zum Eichmann-Buch Anfang der Sechziger, beruhte nicht mehr auf einem Dialog mit Heinrich. In ihrer Arbeit an der «Vita Activa» betrieb Hannah Arendt eine Art Phänomenologie, die sie selbst «Begriffsanalyse» zu nennen pflegte. Sie suchte das Leben der Begriffe durch die Geschichte hindurch zu verfolgen, in «Vita Activa» vor allem die Kategorien des Arbeitens, des Herstellens und des Handelns. Die Pluralität allen menschlichen Lebens gibt in diesem Grundlagen-Buch eine Hauptvoraussetzung ab, menschliches Leben erscheint eingebettet zwischen Natalität und Mortalität, Geburt und Tod. Erfolgreiches, folgenreiches Handeln vermag den Tod des Einzelmenschen zu übersteigen, seine Spuren der Welt aufzudrücken. Hannah Arendt suchte nach antikem Vorbild wieder das politisch ausgerichtete Handeln an die Stelle des Arbeitens zu setzen. So rekonstruierte sie die antike Polis als die allererste und eigentliche Arena von Politik und staatsbürgerlicher Freiheit. Sie unternahm es, die Wertschätzung der «vita contemplativa», des «handlungslosen Lebens», die sich im christlichen Zeitalter nach Augustin durchgesetzt hatte, zugunsten der «vita activa» erneut zu relativieren.

Dabei mußte sie auf die antiken Schriftsteller rekurrieren, gestützt von der fundierten klassischen Ausbildung ihrer preußisch-deutschen Schul- und Universitätsjahre. Heinrich konnte ihr hierin nur bedingt ein Partner sein. Er verstand mehr von zeitgenössischer Politik, besonders von «linker» Politik- und Gesellschaftstheorie. Wie immer er in Bard als Griechenkenner gelten mochte, trotz einiger griechisch gehaltener Fußnoten in seinen Vorlesungstranskripten – verglichen mit jener familiären Vertrautheit mit der Antike, die Hannah Arendt mit der deutschen Gelehrsamkeit des 18. und 19. Jahrhunderts verband, gab der Berliner lediglich einen interessierten Laien ab. Beider Verbindung begann, philosophiegeschichtlich betrachtet, eigentlich erst mit Kant, dessen Moralphilosophie sie politisch ernst nahmen, der ihnen als Republikaner galt. Andererseits war Heinrich erneut zuständig, als Arendt mit dem Lessingpreis der Stadt Hamburg geehrt wurde, im Herbst 1959. Hannah erhielt bei dieser Gelegenheit auch einen sehr optimistischen Eindruck vom wiederaufgebauten Berlin. Dort nämlich kümmerte sie sich um die Wiedergutmachung, die sie beansprucht und inzwischen zugesprochen erhalten hatte auf der Grundlage ihrer durch die Nazis vereitelten Universitätskarriere. Triumphierend konnte sie am 7. Oktober 1959 an Heinrich melden: «Eben komme ich vom Entschädigungsamt zurück, wo ich mich für sage und schreibe 45.000 DM ‹verglichen› habe … dies waren durchaus die höchsten Ansprüche, die ich überhaupt hätte stellen können.»

Das Ehepaar Blücher wurde wohlhabend. Nach Arendts Rückkehr zog man in eine Penthouse-Wohnung am Riverside Drive, wesentlich anspruchsvoller als alle vorigen Wohnstätten. Ein tapsig durchgeführter Raubüberfall auf Hannah, im Hausflur der bisherigen Wohnung von einem verängstigten Farbigen verübt, war der unmittelbare Anlaß. Heinrichs zäher Widerstand – der Mann wäre nur allzu gern in der vertrauten Wohnung geblieben – blieb erfolglos. Damit endete zugleich die jahrelange Debatte um eine Klimatisierung ihrer Wohnung, von Hannah immer wieder angeregt und von Heinrich immer wieder aus Kostengründen sabotiert. Hannah offenbarte einen gesunden Sinn für Erfordernisse und Wohltaten des Wohlstands: «Mach Dir keine Sorgen um Bard, Liebster! Aber rede Dir auch nicht ein, wir könnten wohnen bleiben! Rede lieber … über Geldanlagen» (26. 10. 1959). Das waren neue Töne. Der Verlust des Schmuckes als

Folge des Frankfurter Hoteldiebstahls schien endgültig verschmerzt. Armut und Unsicherheit der Emigrantentage lagen für immer hinter den beiden. Das neu ins Haus geströmte Geld werden sie, außer für die neue Wohnung (samt dem nun festangestellten Hausmädchen Esther), vor allem für Reisen nach Europa ausgeben – wenn auch Heinrichs Teilnahme daran sehr sporadisch ausfiel.

«Eichmann in Jerusalem»

Daß die Götter neidisch werden können, die Griechen wußten es. Den Sommer des Jahres 1960 verbrachte das Ehepaar in den Catskills, einer hügeligen Sommerfrische-Landschaft unweit New Yorks. Sie wohnten damals in einer Pension und nicht in ihrem gewöhnlichen Urlaubsdomizil, dem «Chestnut Lawn House» in Palenville. Sie arbeitete vormittags. Nachmittags und abends ging man mit Freunden gemeinsam zum Schwimmen, zum Schachspielen oder in die örtliche Bar mit Billardsaal. Palenville liegt lieblich an einer Berglehne; ein kleiner Fluß mit Stromschnellen und Fischgründen durchfließt den Ort. Hier, in den Bergen, erschien im Sommer das Klima erträglicher. Doch das Gespräch kreiste damals zwangsläufig um ein dominierendes Thema: um die Entführung Adolf Eichmanns, der am 24. Mai von israelischen Agenten in Argentinien gekidnappt und nach Israel verbracht worden war.

Wen die Götter verderben wollen, wie Ödipus, den lassen sie ins Verderben gehen, als triebe ihn der eigene Wille. Als klar wurde, daß Israel Eichmann den Prozeß machen würde, beschloß Arendt, sich der renommierten Zeitschrift «The New Yorker», für die sie in den vergangenen Jahren regelmäßig geschrieben hatte, als Prozeßberichterstatterin anzubieten. Sie, die die Nürnberger Prozesse nicht miterlebt hatte, empfand es als «Verpflichtung, die ich meiner Vergangenheit gegenüber habe» (Brief ans Vassar College, 2. 1. 1961), dem Eichmann-Prozeß zu folgen. William Shawn, der Herausgeber des «New Yorker», willigte gern ein. Ein Schritt von erheblicher Tragweite. In Jerusalem traf die Denkerin auf einen ‹Mann im Glaskasten›, der ihr dann «nicht einmal unheimlich» war, wie sie an Blücher schrieb (15. 4. 1961).

Obgleich keine glühende Zionistin, hielt Hannah Arendt die Existenz eines jüdischen Staates für unabdingbar und spricht im Vorwort zum Eichmann-Buch ausdrücklich von «uns Juden». Andererseits empfand sie sich als exemplarische Vertreterin der Diaspora-Existenz; eine zudem, die durch die Schule deutscher Griechenverehrung gegangen war – und die (jedenfalls in einem Brief vom 15. 4. 1961 an Heinrich) sich schon einmal über das «Orientalische» im Straßenbild Jerusalems mokieren konnte. Dafür konnte nur Heinrich den Empfänger abgeben. Doch die prinzipielle Dimension des Falles Eichmann: ob dieser in Israel vor Gericht gestellt werden sollte, ob die Israelis ihn hatten entführen dürfen etc., verhandelte Hannah nun mit Karl Jaspers, mündlich wie brieflich. Eigentlich zum erstenmal, wenn auch präludiert durch die «Little-Rock»-Kontroverse, ergab sich eine konsequent durchgeführte Arbeitsteilung mit Heinrich. Der nämlich sollte damals die amerikanischen, Jaspers die deutschsprachigen und Kurt Blumenfeld, in Israel lebend, die hebräischen Presseberichte in Sachen Eichmann verfolgen.

Nachdem sie noch im Frühjahr 1961 an der University of Evanston gelehrt hatte, flog die Prozeßberichterstatterin am 7. April nach Israel ab. Ihr erster Brief vom 15. April an Heinrich faßt recht kraß ihre ersten Eindrücke vom Jerusalemer Prozeß zusammen. Hier sprechen zwei miteinander, deren Zugehörigkeit zur gleichen Kultur und Sprache die unterschiedliche Volkszugehörigkeit glatt überspielt. Hannah erblickte einen «galizischen Juden» als Staatsanwalt, der ihr genauso unsympathisch erschien wie Eichmanns deutscher Verteidiger. Den einzigen Lichtblick stellten die Richter dar: «alles deutsche Juden». Draußen schaute es weniger vertraut aus: «... ein Mob von orientalischen Judenkindern und Peiesjuden – wie er sich zu jeder Sensation zusammenfinden würde.»

Der Prozeß gegen den ehemaligen SS-Obersturmbannführer Adolf Eichmann wurde am 11. April 1961 eröffnet und am 11. Dezember mit dem Todesurteil beendet. Die Bestätigung des Urteils durch die Berufungsinstanz erfolgte am 29. Mai 1962. Eichmann wurde durch den Strang hingerichtet. Arendt hörte damals Eichmanns Erklärungen, kannte später auch die vieltausendseitigen Protokolle seines vorausgegangenen Verhörs. Sie entschloß sich in ihrem Eichmann-Buch zu der These, daß dieser Mann «normal» sei. «Immerhin war ein halbes Dutzend Psychiater zu dem Ergebnis gekommen, er sei normal – ‹normaler jedenfalls, als ich es bin, nachdem ich ihn untersucht habe›.» Der Mann neige freilich zum Flunkern und Bramarbasieren, hatte er doch schon einmal behauptet, in Palästina geboren zu sein und fließend Hebräisch zu sprechen. Andererseits: In seiner Familie gäbe es Juden. Dies sei einer der «privaten Gründe», daß aus ihm kein Antisemit geworden sei – was Arendt Eichmann abnahm. Als er von Hitlers «Endlösung der Judenfrage» erfahren habe, habe ihn alle «Arbeitsfreude» verlassen. Er sei «gewissermaßen ausgeblasen» gewesen, referiert die Philosophin den Schreibtischtäter. Arendt berichtet solche Einzelheiten mit schneidendem Sarkasmus; doch bestreitet sie nicht deren Stichhaltigkeit. Ein weiteres Resümee lautete: auf den ersten Blick ein typischer Kleinbürger, der «deklassierte Sohn aus solidem bürgerlichen Hause». Eichmann kannte zwar weder das Parteiprogramm der NSDAP, noch hatte er «Mein Kampf» gelesen. Doch in der nationalsozialistischen «Bewegung» konnte er neu anfangen und es zu etwas bringen. Dafür wollte er geradestehen. Laut Arendt hätte Eichmann «es immer noch vorgezogen, als Obersturmbannführer a. D. gehängt zu werden, anstatt ein friedliches normales Leben als Reisender der Vacuum Oil Company zu Ende zu leben».

Nirgendwo sonst definierte Hannah Arendt ihre eigene Zugehörigkeit spontaner, entschiedener, auch mit der ihr eigenen sarkastischen Flapsigkeit (und folglich angreifbarer!) als während ihres damaligen Jerusalem-Aufenthaltes. Die betont philosemitischen Deutschen, gleichgültig, ob nun Geschäftsleute oder Journalisten, auf die sie in Israel trifft, «kotzen» sie an. Doch auch der ostjüdische Staatsanwalt bekommt vorgehalten: «Übrigens der Prosecutor wird immer ekelhafter. Jetzt hat er uns erzählt, daß die Juden dem deutschen Volk Emil Ludwig und Kafka (in this order oder mit noch einem dazwischen) beschert hätten. Und so viele Nobelpreisträger – gar nicht auszudenken.» Dieser Staatsanwalt halte «das Judenmorden offenbar für eine normale Beschäftigung der Nichtjuden … Ghettomentalität mit Tanks und militärischer Parade» (20. 4. 1961). Für Hannah Arendt stand die Spezies der deutschen Juden in unerreichter Höhe. Die Prozeßbeobachterin wechselte ihre Ansicht von der Natur des Bösen aufgrund ihrer Beobachtungen im Gerichtsverfahren gegen den notorischen Judenmörder – den im Grunde lächerlichen Verbrecher Eichmann. Angesichts dieses clownesken Täters, der als biederer Buchhalter des Todes auftrat und anbot, sich öffentlich zu erhängen, was der Beobachterin einmal mehr «die Spucke wegbleiben» ließ, sah sie sich am Ende gezwungen, ihre These von der Absolutheit des Bösen, im letzten Kapitel des Totalitarismusbuches ausgeführt, zu verändern. Sie nannte das Böse jetzt «banal».

Dabei spielte Heinrich wieder die Rolle des Hermeneuten. Denn die Erkenntnis, daß es die unbedeutendsten Personen sein können, die erhebliche, sogar ungeheure Verbrechen begehen, lag Heinrich durch seine Berliner Lebenserfahrung um vieles näher als Hannah. Heinrich, nicht Hannah, war in den Zeiten der Weimarer Republik mit den gewöhnlichen, den banalen Handlangern des Nationalsozialismus auf kürzeste Distanz aneinandergeraten. Er kannte sozusagen zahllose Eichmänner, während Hannahs Erfahrung mit den nationalsozialistischen «Mitläufern» durch Persönlichkeiten wie Heidegger oder auch Benno von Wiese bestimmt wurde – also durch Intellektuelle, die in ihrer «tragischen Verstrickung» doch immer noch interessante, differenzierte, womöglich dämonische Persönlichkeiten geblieben waren. So überrascht es nicht, daß Hannah als Summe ihrer neuen Erfahrung Karl Jaspers mitteilt: Sie fühle sich an das erinnert, worüber ihr Mann Heinrich öfter nachgedacht habe – daß nämlich selbst das Böse oft als bloßes «Oberflächenphänomen» begriffen werden könne. Jaspers antwortete darauf am 13. Dezember 1963: Heinrich habe «die Redewendung ‹Banalität des Bösen› erfunden und mache sich nun Vorwürfe, daß Du ausbaden mußt, was er angerichtet hat». Die Wendung in der Sache hing mit Heinrich zusammen; als Diskussionsstoff mitgeteilt aber gelangte sie an Jaspers. Worum es ihnen in der Sache ging, haben Heinrich und Hannah einige Jahre später in Brechts Aufzeichnungen zum «Arturo Ui» entdeckt: Man solle die großen politischen Verbrecher getrost der Lächerlichkeit preisgeben. Denn diese Leute erweckten, vor allem im Dunstkreis der nationalsozialistischen «Bewegung», den Anschein von Größe nur durch den grauenhaft großen Umfang ihrer Unternehmungen. Folglich müsse man unterscheiden zwischen dem – quantitativ – großen politischen Verbrecher einerseits – und andererseits dem qualitativen Verüber großer politischer Verbrechen. Solche Unterscheidung, durch die historische Erfahrung selbst gefordert, deckte sich mit Arendts Sicht der Eichmannschen «Persönlichkeit» – und doch sollte ihr dieser Tatbestand in der folgenden Eichmann-Kontroverse keinerlei Beistand gewähren.

So konnte von Eichmann das Bild des banalen Nazis entstehen, an Stelle des dämonisch-grausamen SS-Mannes. Und mehr noch. Statt den Juden immer nur als potentiellen Märtyrer, entwarf Arendts Eichmann-Bericht das Bild vor allem der Judenräte als ihrerseits wider Willen «verstrickter» Komplizen des Bösen. Statt der allzu säuberlichen Unterscheidung zwischen Gut und Böse, die moralisch beruhigen, die historische Realität aber eher verzeichnen kann, richtete sich der Blick auf jene Kollaboration zwischen Tätern und Opfern, die unter den damals gegebenen Verhältnissen überhaupt nicht zu vermeiden gewesen war. Arendt verzichtete auf die «tröstlichen» Kategorien von Unmensch und schuldlosen Opfern, auf die der kollektiven Schuld oder der kollektiven Unschuld – und mutete dadurch der Öffentlichkeit vor allem in Israel Unerhörtes zu. Der Stil ihres Berichts war zudem von schneidender Ironie; es gab keinerlei Zeichen des Mitleids oder gar der Demut angesichts der Ungeheuerlichkeit des zu verhandelnden Leidens. Gewiß: Dahinter stand auch die These der Theoretikerin, wonach der Totalitarismus alles Urteilen, und eben auch das der Opfer, infiziert habe. Die Totalität des moralischen Zusammenbruchs unter der totalitären Herrschaft sollte durch schonungslose Darstellung nun endlich korrigiert, das Urteilen wieder in sein Recht eingesetzt werden. Das waren honorige Absichten und diskutable Thesen. Doch die bald folgende Eichmann-Kontroverse zeigte, wie sehr vor allem der Stil des Arendtschen Buches kaum verheilte Wunden wieder aufriß.

Um entscheidende Anschauungen reicher, traf sich Arendt danach mit ihrem Mann zur ersten gemeinsamen Europareise. Heinrich setzte in diesem Sommer 1961 zum erstenmal seit 1941 erneut seinen Fuß auf europäischen Boden. Die beiden trafen sich in Zürich, bereisten danach die klassischen Stätten Italiens und Siziliens, besuchten Paestum, Neapel und Syracus. Bei dieser Gelegenheit sah Heinrich auch Robert Gilbert wieder, mit dem ihm, wie Hannah einmal schrieb, die gleiche intensive Freundschaft geblieben war, wie sie sie Hannah mit Anne Weil Mendelssohn unterhielt. Das Wiedersehen mit dem Alten Kontinent wurde zu einer «Orgie der Freundschaft» (an Jaspers, 6. 8. 1961). Am Glück der beiden schien jetzt nichts mehr zu fehlen. Gesundheit, Wohlhabenheit, Liebe, ein die Kontinente überspannender Ruhm – alles, was die Götter ihren Lieblingen schenken können, schien versammelt. Der Horizont strahlte wolkenlos und in mediterraner Bläue. Man kehrte erholt nach Amerika zurück, wo Hannah im Wintersemester Vorlesungen an der Wesleyan University in Connecticut halten sollte.

Hier fühlte sich Hannah wie in einem Paradies für Gelehrte. Plötzlich erlitt Heinrich, im Oktober 1961 zu Hause am Riverside Drive, einen «congenitalen Aneurismus», einen Schlaganfall. Er verlor alle Orientierung. Seine alte Freundin Charlotte Beradt fand ihn in seiner Wohnung, herumirrend in einem Chaos aus Möbeln und Papier, von der herabfallenden Asche der eigenen Zigaretten versengt. Die Ambulanz brachte ihn auf die Intensivstation des Columbia Presbyterian Hospital; Hannah eilte aus Connecticut herbei. Die Ärzte sagten, daß in solchen Fällen die Sterblichkeit fünfzig Prozent betrage. Heinrich aber verblieb ironisch optimistisch selbst unter diesen Umständen. Er beruhigte Hannah: «Reg dich bloß nicht auf, du vergißt die anderen fünfzig Prozent.» Die Frau fühlte sich getröstet. Ihre Panik ebbte ab. Imponiert von Blüchers Geistesgegenwart und Stoizismus, schrieb sie seinen Antwortsatz für Jaspers auf. Nicht zuletzt Heinrichs Lebenswille ließ ihn Ende Dezember nahezu wiederhergestellt sein.

Arendt war damals sofort nach New York zurückgekehrt, ihren Mann zu pflegen. Exakt in seine Rekonvaleszenz hinein fiel der nächste Schlag. Am 19. März 1962 wurde das Taxi, mit dem Hannah durch den Central Park fuhr, von einem Lastwagen gerammt; sie selbst, blutüberströmt, ins Roosevelt Hospital eingeliefert. Hannah wies Prellungen, eine Gehirnerschütterung, abgebrochene Zähne und Hämatome unter den Augen, ferner Rippenbrüche, Hautabschürfungen und Fleischwunden am Kopf auf. Hinzu kam – am folgenreichsten für ihr weiteres Leben, womöglich auch mittelbare Ursache ihres späteren Todes – ein durch den Schock bedingter Schaden des Herzmuskels. Fast zwei Monate blieb sie arbeitsunfähig. Erstaunlich erschienen Geistesgegenwart und stoische Todesgefaßtheit dieser Frau bereits unmittelbar nach dem Unfall. Im Brief an Jaspers meinte sie zwischen Leben und Tod zu schweben – glaubte aber, sie hätte den Ausgang in der Hand. Sie fürchtete den Tod nicht. Entschied sich in dieser Grenzsituation wie Heinrich aber doch fürs Leben: «Wenn es anständig möglich ist, möchte ich ganz gern noch in der Welt bleiben» (31. 3. 1962).

Daran wird deutlich, was sich Hannah Arendt von einem lebenswerten Leben erwartete: eine ungehinderte Physis und vor allem einen funktionstüchtigen Geist. Die Genesende hat Mary McCarthy erzählt (Brief vom 4. 4. 1962): Noch im Krankenwagen überprüfte sie zunächst einmal ihre Glieder und Augen, stellte fest, daß sie sehen und sich zu bewegen vermochte. Dann «prüfte ich mein Gedächtnis – sehr sorgfältig. Jahrzehnt für Jahrzehnt, griechische, deutsche und englische Dichtung; dann Telefonnummern.» Hannah Arendt hat ihren schweren Unfall als einen fast magischen Augenblick des Aus-der-Zeit-Tretens erlebt. Schon bald hatte das Leben Heinrich und Hannah wieder. Die Versicherung zahlte ihr eine stattliche Summe für den ausgestandenen Schmerz, die den Stand des gemeinsamen Kontos noch einmal kräftig erhöhte (beide besaßen, wie Hannah Arendt es einmal extra unterstrich, stets nur gemeinsame Konten). Bereits im Krankenhaus war Hannah ungeduldig gewesen. Auf ärztlichen Rat waren zwar alle Lehrveranstaltungen abgesagt, aber die Arbeit am Eichmann-Bericht konnte beginnen. Ein vorgezogener Ferienaufenthalt in Palenville, zusammen mit dem ebenfalls genesenen Heinrich, bot dazu die Gelegenheit.

Hannah schrieb damals, wie sie die Freundin Mary wissen ließ, das Eichmann-Buch in einer ganz besonderen «Euphorie». Sie wie auch Heinrich waren dem Tode entronnen, sie, die ohnehin weniger gern unterrichtete, war der Arbeit des Schreibens wiedergegeben. Ob die Schärfe vieler Sarkasmen, insgesamt die bittere Ironie bei der Beschreibung des Eichmannschen Charakters sich nicht auch dieser besonderen Situation verdanken? Hinzu kommen jene kryptischen Zeilen an Mary McCarthy, daß Hannah sich seit der Veröffentlichung des Eichmann-Berichts «erleichtert» fühle. Und: «Sag es keinem weiter: Ist das nicht ein positiver Beweis dafür, daß ich keine ‹Seele› habe?» (23. 6. 1964). Ebendas sollte ihr bald ganz Israel vorwerfen. Dabei ging vergessen, was die Berichterstatterin eben auch in Jerusalem erlebt und was ihr Heinrich auf den Begriff gebracht hatte: eine «geschichtliche Bestandsaufnahme ersten Ranges. Sentimentalität und Theater sind wohl angesichts des Furchtbaren von den meisten dieser Menschen kaum zu vermeiden. Aber über allem wird doch das Gorgonenhaupt dieser ungeheuerlichsten aller gegenmenschlichen Wahrheiten sichtbar» (14. 5. 1961). Dies zu begreifen aber bedurfte es in erster Linie des Verstandes und dann erst, und wenn überhaupt, der «Seele».

Heinrichs zitierte Einsicht bleibt bestehen – gegen alle Kritik, die in den Jahren nach der Veröffentlichung des Eichmann-Berichts Hannahs wissenschaftliche und moralisch-intellektuelle Existenz bis in die Grundfesten hinein erschütterte. Die Königsbergerin wurde in diesen Jahren als gefühllose Kantische Moralistin, als antiisraelisch, antizionistisch und als eine Jüdin mit jüdischem Selbsthaß abgestempelt – lauter Kennzeichnungen, die allein schon durch Briefwechsel und Meinungsaustausch mit ihrem Mann hinreichend widerlegt werden. Eines indessen scheint zu gelten: daß nämlich ihre neue Sicht der Täter Hannah Arendt in einen neuen Einklang mit ihrer Identität als deutsche Jüdin

Zu Beginn der sechziger Jahre zusammen mit Lotte Köhler, der engen Freundin und späteren Nachlaßverwalterin, in der Sommerfrische Palenville.

gebracht hatte. Daß gerade die deutsche Kultur Männer wie den Judenvernichter Eichmann hervorgebracht haben sollte, erschien nun eher unwahrscheinlich. Der Mann war nicht einmal der deutschen Sprache mächtig – jener Sprache, die nach den Jerusalemer Erfahrungen für Hannah Arendts Identität nur noch herkunftsprägender geworden war. Der in ihrer Herkunft begründete «fremde Blick» der deutschen Jüdin mochte ihre Erkenntnisfähigkeit ausgemacht haben – zu vermitteln war er der Öffentlichkeit der frühen sechziger Jahre eigentlich nicht. Denn es war auch der Blick eines Menschen, der auf seine Individualität und deren autonom urteilende Selbständigkeit fast über die Maßen, unzeitgemäß in der Art des 18. und 19. Jahrhunderts, stolz erschien. Was hatte sich Hannah Arendt, kurz vor Beginn der Niederschrift des Eichmann-Buches, notiert? «Damit das Gewissen funktionieren kann: entweder sehr starker religiöser Glaube – extrem selten. Oder: stolz bis zur Arroganz. Wenn man sich in solchen Fragen sagt: Wer bin ich überhaupt, mir ein Urteil anzumaßen? – ist man schon verloren» (Notizen vom 11. 1. 1962). So mutig verfuhr die Denkerin beim Schreiben des 1963 erschienenen Eichmann-Berichts – und geriet unvorbereitet in einen Kritiksturm unerhörten Ausmaßes.

Jahre eines «Krieges»

Die Entwicklung der Eichmann-Kontroverse, in groben Linien nachgezeichnet, interessiert mit Blick darauf, wie Hannah und Heinrich gemeinsam auf sie reagierten. Die Ernsthaftigkeit der damaligen Auseinandersetzung bezeugt allein schon die Wortwahl. Siegfried Moses, ein Freund des Arendt-Freundes Blumenfeld und selbst ein führender israelitischer Politiker, schrieb damals Hannah Arendt, daß er ihrem Buch «den Krieg erklärte». Den Kriegsschauplatz gab vor allem New York als Mittelpunkt einer schon damals weltumspannenden Medienlandschaft ab. Vernichtende Rezensionen, die Publikation ganzer Bücher, in denen Sachfehler aufgelistet und zu einer Schreckensbilanz hochstilisiert erschienen, bezeichneten die einzelnen Schlachten dieses Krieges. Er spaltete vor allem die jüdische Öffentlichkeit und teilweise auch die Gemeinsamkeit der jüdischen Generationen. Antizionisten versuchten sich des Eichmann-Streits ebenso zu bedienen wie in den sechziger Jahren dann die aufstrebende Neue Linke, die im Amerika des Vietnamkriegs Parallelen zwischen dem Technokraten Eichmann einerseits und den Politikern der USA andererseits entdeckte. Hannah Arendts Exehemann Günther Anders argumentierte ähnlich und gewann damit erhebliche Publizität. Ausgerechnet die «Antidiffamierungsliga» der jüdischen Loge B'nai B'rith koordinierte damals die Angriffe gegen Arendt. Die Kampagne dauerte Jahre und zog ihr Ansehen beträchtlich in Mitleidenschaft – machte sie andererseits aber auch weltweit bekannt: Hannah Arendt – ein politologischer Megastar.

Die Angegriffene zog es im großen und ganzen vor, ihren Kritikern nicht zu antworten. Noch vor dem Höhepunkt der Kampagne, im Frühjahr 1963, reiste sie nach Basel. Übersetzte dort ihr Buch «Über die Revolution» ins Deutsche und arbeitete an der Konzeption von Jaspers' Werk «Die großen Philosophen» mit. Sie nahm an den Feierlichkeiten zum 80. Geburtstag des Gelehrten teil, traf sich danach mit Heinrich in Neapel. Man unternahm eine ausgedehnte Griechenlandreise, sah Kreta, Salamis und Delphi, gab mit vollen Händen das Geld aus, das der Taxiunfall eingebracht hatte. Während in New York der Sturm mit voller Stärke losbrach, hielten die beiden sich in Griechenland auf – ihrer «Heimat», wie Jaspers erinnerte. Heinrich schrieb, sie führten das «Leben der Götter». Doch dieses griechische Götterleben endete rasch. Heinrichs Brief, Mitte März in New York geschrieben, ließ bereits die Dimensionen des heraufziehenden

Unwetters ahnen. Der Mann registrierte ungewöhnlich viele Anrufe für seine Frau, auch Protestbriefe deutscher Professoren, ferner ein Phänomen, das ernsthafter war: «Die Israeliten aber scheinen sich erst zu einer Phalanx zu sammeln.»

Die Formulierung deutet es an: Heinrich neigte dazu, in den Angriffen auf seine Frau, die zudem einer These galten, die mit seiner eigenen historischen Erfahrung korrespondierte, so etwas wie eine jüdische Verschwörung zu erblicken. Es wäre absurd, gerade Heinrich Antisemitismus vorwerfen zu wollen. Doch sogar Hannah registrierte im Verlauf der Kontroverse besorgt seine abnehmende Bereitschaft zur Differenzierung. Alles in Griechenland genossene Glück vermochte nichts mehr gegen die aktuellen Erfahrungen der Isolation und der gnadenlosen Jagd, die nun in New York auf sie beide eindrang. Zum spektakulären Verriß in den großen Tageszeitungen gesellten sich tribunalartige, tumultuarisch verlaufende Versammlungen, in denen Befürworter und Gegner des Eichmann-Buches sich anschrieen und mit der Androhung von Gerichtsklagen mundtot zu machen suchten.

Dazu kamen schmerzhafte persönliche Erfahrungen. Hannah war wieder einmal in Israel gewesen – und hatte erleben müssen, daß der alte Freund aus Pariser Tagen, Kurt Blumenfeld, ein Freund auch Heinrichs, sich der «Phalanx der Israeliten» vorbehaltlos angeschlossen hatte. Und zwar, ohne daß er ihr Buch überhaupt gelesen hatte. Sterbend im Krankenhaus, verweigerte Blumenfeld ihr das letzte Wiedersehen. Nur weniges in ihrem Leben hat die Königsbergerin so tief getroffen. Hans Jonas und Gershom Scholem kündigten ebenfalls ihre Freundschaft auf, was Heinrich mindestens ebenso erbitterte wie seine Frau. Als anarchistischer Individualist hatte der Berliner stets individuelle Beziehungen für zentral gehalten, gerichtet gegen die allzu «selbstlose» Einbindung des Individuums in staatliche oder völkische Verbände. Nun aber mußte Blücher deren weltumspannende und destruktive Gewalt erleben, demonstriert an der geliebten Frau. Der Mann verfing sich damals in langanhaltende Wut. Sein hilfloser Zorn mag zur neuerlichen Erkrankung im September 1963 beigetragen haben, die wiederum Hannah sehr beunruhigte. «Ein Leben ohne ihn wäre undenkbar», schrieb sie aus diesem Anlaß (16. 9. 1963) an Mary McCarthy.

Hinzu kam beider Besorgnis um den Zustand der amerikanischen Republik nach dem Mord an Präsident John F. Kennedy. Der danach ausufernde Vietnamkrieg führte linke Kritiker dazu, mit dem Arendtschen Eichmann-Bild die US-amerikanische Kriegsführung zu geißeln. Hannah sah sich schließlich gezwungen, klarzumachen, daß sie die Existenz eines jüdischen Staates für unabdingbar hielt. In diesem Hexenkessel lebten die beiden mehrere Jahre. Freunde ermunterten Hannah, gerade in ihrer Situation eine «Ethik» zu schreiben. Ihre Vorlesungen während der sechziger Jahre beschäftigten sich denn auch häufig mit Fragen der (politischen) Moral, abgeleitet vor allem aus der Philosophie Kants. Dennoch mußten viele Fragen, die sich aus dem Eichmann-Komplex ergaben, letztlich unbeantwortet bleiben. Weder Politik noch Moralphilosophie vermochten zu sagen, warum und zu welchem Ende das Grauen des Holocaust hatte vor sich gehen müssen: Fragen einer politischen Theodizee.

An diesem Punkt blieb Arendt und Blücher nur übrig, gleichsam an die Ursprünge ihres moralisch-politischen Denkens zurückzukehren; sie sahen sich erneut an die Literatur verwiesen. Wo der Trost der Metaphysik nicht mehr zugänglich erschien, weder ein göttlicher Plan noch ein Hegelscher Vernunftsinn der Geschichte unterlegt werden konnte, verblieb nur die stoische Sicht des griechischen Denkens: daß alles Leid der Irdischen dadurch gerechtfertigt zu werden vermag, daß eine Geschichte daraus entsteht, poetisch zu erzählen und bestimmt für die Nachgeborenen. Das war die Quintessenz der Beschäftigung Heinrichs mit Homer gewesen; es wurde auch die Erkenntnissumme, die Hannah aus der Eichmann-Kontroverse zog. Zwar kann einen das Denken erkennen lehren, was als gut und was als böse anzusehen ist. Darin liegt ein gewisser Schutzwall gegen das Böse. Dieser Wall aber schien im Begriff zu brechen. Das Massenzeitalter spült Menschen wie Eichmann nach oben, die weder wirklich zu denken noch individuell zu sprechen vermögen. Im bestimmten Sinn fallen also, was die Entstehung und die endgültige Ausformung des Politikbegriffs in Hannah Arendts denkerischem Universum betrifft, das Alpha und das Omega, Königsberger Schulzeit und das letzte gemeinsame Jahrzehnt mit Heinrich zusammen. Bei aller Anstrengung vermag es kein Mensch, nahmen die beiden an, durchgehend gut zu sein. Man könne immer nur der Erzählung, nicht aber dem Erzähler trauen. Literatur als der letzte Grund. Literatur an der Stelle von Metaphysik. Hannah Arendt hat das in ihrer Beschäftigung mit der dänischen Erzählerin Isak Dinesen alias Tania Blixen, die deutliche Züge einer Identifikation trägt, 1968 zusammenfassend ausgeführt.

Ein Gedicht Gottfried Kellers mit dem Titel «Die öffentlichen Verleumder» – in ihrer damaligen Situation eine verführerisch eingängige Titelgebung – wurde Hannah schließlich zum Dokument aller noch verbliebenen Hoffnung. Einst würde das Begreifen und adäquate Beurteilen des Holocaust sogar dessen unfaßbares Grauen mildern – und man würde anzuerkennen gelernt haben, was ihre Eichmann-Arbeit dazu beigetragen hatte: «Wenn einstmals diese Not / Lang wie ein Eis gebrochen, / Dann wird davon gesprochen, / Wie von dem schwarzen Tod. / Und einen Strohmann baun, / Die Kinder auf der Heide, / Zu brennen Lust aus Leide, / Und Licht aus altem Graun.» Nur im (deutschsprachigen?) Gedicht konnte die Wahrheit ans Licht treten. Eine Wahrheit, die zugleich den Trost enthielt, daß auch der Krieg der Juden gegen die deutsche Jüdin Arendt einmal enden würde – «zu brennen Lust aus Leide, und Licht aus altem Graun».

Wie es in jedem Krieg zu sein pflegt: Verblüffenderweise geht in ihm das «normale Leben» weiter. Arendt besaß in den sechziger Jahren den Status einer außerordentlich öffentlichen Person. Hatte auch – entgegen ihren immer wieder geäußerten Absichten – mehr New-School-Lehrverpflichtungen als jemals zuvor am Hals. Sie besuchte Tagung auf Tagung, saß in zahllosen Committees. Während sie derart auf Ablenkung vertrauen konnte, bedeuteten diese Jahre eine einzige wachsende Deprimiertheit für Heinrich. Ihm setzte die Eichmann-Kontroverse womöglich noch mehr zu als ihr. Der paradoxe Sachverhalt mag sich daraus erklären, daß der Deutsche sich stets als den, wenn man so will, teutonischen Beschützer seiner jüdischen Frau betrachtet hatte. Beider Entscheidung füreinander hatte sich einst unter diesem Vorzeichen vollzogen. Heinrich, stolz darauf, ein Militärexperte zu sein, mußte die militärisch koordinierten erfolgreichen Angriffe auf Hannah verfolgen, ein hilfloser Zuschauer. Seine Frau befand sich im «Krieg». Und der Träger eines großen Kriegsnamens vermochte ihr nicht zu helfen. Hannah floh, so oft es ging, nach Palenville; oder nach Europa, und da bevorzugt in die Schweiz, um mit dem Ehepaar Jaspers zusammenzusein. Heinrichs Reiselust, ohnehin nie so ausgeprägt wie die ihre, hatte rapide abgenommen. Der Grauschleier der Depression verdunkelte ihm selbst noch die Helligkeit des göttlichen griechischen Lichts.

In diesen späten sechziger Jahren – «Über die Revolution» als eine Beschäftigung mit den amerikanischen Idealen war erschienen – schmiedete Hannah Arendt ihre Pläne für eine politische Ethik. Daneben beschäftigte sie sich bereits mit dem Buch, das unter dem Titel «Vom Leben des Geistes» ihr letztes werden würde. In beiden Fällen ging es um die Natur des Bösen und um die Bedingungen für menschliches Denken und Urteilen. Während sie daran arbeitete, ging die Eichmann-Kontroverse weiter und wurden die USA moralisch vom Vietnamkrieg erschüttert. Gegen den Krieg in

Asien engagierte sich die Königsbergerin entschieden, und zwar zusammen mit Heinrich. Sie wird schließlich, unter anderen mit dem Kinderarzt Benjamin Spock, im Jahr 1971 dem Komitee der «Internationalen Kriegsgegner» beitreten. Hannah war überzeugt, daß, seit dem Mord an Kennedy, die USA als eine Republik in Gefahr erschienen – und sie fühlten sich unterstützt dadurch, daß Washington so ausgesprochen feindlich auf die kubanische Revolution reagiert hatte, die beide gemeinschaftlich begrüßten. Die älter gewordene Hannah neigte zu panischen Sorgen, die ein depressiv gewordener Heinrich nun zunehmend teilte. Denn als dann – endlich – das Ende des Vietnamkriegs gekommen war, diagnostizierte Arendt zugleich den Eintritt einer Zeitenwende, einen rapiden Machtverfall der USA. Sie sprach sogar in welthistorischer Perspektive davon, daß dieser schnelle Machtverfall unter die hervorragenden Ereignisse dieses Jahrhunderts zu zählen sei – eine epochale Fehleinschätzung, wie wir heute wissen. Aber freilich auch eine Fehleinschätzung auf dem hellen Hintergrund ihres idealisierten Bildes vom revolutionären Amerika des 18. Jahrhunderts. Zudem ein Urteil, das auf die melancholisch-depressive Grundstimmung der letzten Jahre verwies.

Seit Mitte der sechziger Jahre schirmten Hannah und Heinrich ihr Privatleben immer hermetischer ab. Doch auch in ihrer Arbeit trennten sie sich immer mehr. Heinrich engagierte sich für die Weiterentwicklung des Bard College, eine anstrengende, aber lokal begrenzte Tätigkeit. Arendt wurde Mitglied von Unesco-Organisationen, saß im nationalen Komitee für soziales Denken, fungierte als Beraterin bei der nationalen Förderung der Geisteswissenschaften und im Rahmen des «National Book Award», gehörte weiterhin dem Exekutivausschuß des PEN an, in welcher Eigenschaft sie vor allem sowjetische Dissidenten wie Daniel Sinjawski und Andrej Sacharow unterstützte. Sie verwaltete ferner Stiftungen; testamentierte Beiträge für die Kinder von Hans Jonas, mit dem der Bruch wieder gekittet war; sorgte dafür, daß der Sohn ihres schwarzen Hausmädchens Sally Davis auf eine Privatschule gehen konnte. Sie erwies sich als sehr wählerisch, was Rundfunk- und Fernsehauftritte anging: Schließlich wünschte sie nicht von fremden Leuten auf der Straße erkannt zu werden, so ihre Begründung.

1967 erhielt sie dann, zu ihrer großen Freude wie Überraschung, den Sigmund-Freud-Preis der Deutschen Akademie für Sprache und Dichtung zugesprochen. Das gab erneuten Anlaß zum Lob ihrer Muttersprache, die sie, sie betonte es jetzt eigens, immer lebendig erhalten, gepflegt, als ihr einzig «Unersetzbares» bewahrt habe. Es war also gewiß nicht so, daß diese Jahre gar keine Lichtblicke mehr enthalten hätten. Die Sommer der sechziger Jahre verbrachte man regelmäßig in Palenville, allerdings zunehmend besorgt um Heinrichs Gesundheit. Hannah las Kriminalromane, Blücher seine geliebten Wildwestromane. Einmal geriet Hannah dabei auch an Peter Nettls Rosa-Luxemburg-Biographie, die sie rezensierte – und die sie anregte zu ihrem eigenen Luxemburg-Essay, der dann im Herbst 1966 veröffentlicht wurde, samt seiner, siehe oben, Würdigung Heinrichs. Hannahs Reflexionen über die Luxemburg und deren Lebensgefährten Jogiches entstanden zu einer Zeit, als sie die Eichmann-Kontroverse eigentlich ausgestanden glaubte. Doch deren Auswirkungen auf Heinrich waren noch lange nicht vorüber. Der Gefährte erschien Hannah so krank, daß sie schon Mitte der sechziger Jahre ihre Urlaubsaktivitäten anders gestaltete. Und was sie, die sich gern als eine Reinkarnation der politischen Denkerin Luxemburg bezeichnen ließ, nun zu Papier brachte – das verstand sich auch als eine Hommage auf den krank gewordenen Gefährten. Hannahs Formulierungen über Jogiches stellen auch einen Dank dar für Heinrichs Hilfe in den Jahren des unseligen «Krieges». Nicht etwa die Rolle Amerikas als Großmacht ging damals zu Ende; sondern die Zeit der New Yorker «Doppelmonarchie».

Noch war es nicht soweit. Im Zusammenhang dieser Jahre kann man ferner Hannahs vieldiskutierten Brecht-Essay erwähnen, Anfang der sechziger Jahre aus einem Universitätsseminar (und in herzlich-kritischem Dialog mit dem Germanisten Erich Heller) entstanden. Der Brecht-Traktat diente dem strengen Nachweis, daß die Dichtkunst alle bestrafe, die sich mit einem totalitären Regime einließen – was Brecht gewiß getan hatte, der doch ein epochaler Lyriker geblieben war. Arendts Brecht hatte, wie Heller sich später erinnerte, unter einem Verlust der Schaffenssubstanz zu leiden, der weder durch anderweitige Belastungen (Theaterführung) noch durch Alkohol oder schlicht das Alter bedingt erscheinen durfte. Vielmehr: Die Götter der Dichtkunst bestraften in ihm exemplarisch einen treulos gewordenen Jünger – für die Königsbergerin ein ethisches Anliegen.

Was den «Krieg» der Juden gegen Hannah Arendt betrifft, so währte dieser eigentlich bis 1967. Da erst wurde er durch den im Nahen Osten geführten Siebentagekrieg abgelöst. Der konzentrierte Angriff der arabischen Staaten rief eine erneute Identifizierung mit Israel hervor. Die bedrohliche Situation schob alle Fraktionierungen der Eichmann-Frage in den Hintergrund. Hannahs und Heinrichs Parteinahme, ihre Erleichterung durch den Ausgang trugen das ihre dazu bei, die Affäre endlich zu begraben. Man wußte wieder, wo man stand und wer zu wem gehörte. Hannah lehrte jetzt einzig noch an der New School, um Heinrich nicht mehr längere Zeit allein lassen zu müssen. Ihrem Mann zu Ehren berichtete sie in ihrer Vorlesung von den politischen Erlebnissen eines fiktiven Individuums, das nach Heinrich Blücher entworfen war. In «Politische Erfahrung im 20. Jahrhundert» geriet ihr der Berliner zum Prototyp des Jahrhunderts. Doch auch diese Lichtpunkte währten nur kurz. Heinrich, ein Kettenraucher wie sonst nur seine Frau, erlitt im Frühjahr 1968 gleich mehrere leichte Herzinfarkte. Die bedeutendste akademische Ehrung, die der Mann in seinem Leben erhielt, den

Ehrendoktor des Bard College, vermochte er im Juni wegen eines Krankenhausaufenthaltes nicht entgegenzunehmen. Eine Delegation seines College reiste eigens in die Wohnung am Riverside Drive, um Heinrich den Titel zu verleihen.

Gewiß muß der Ehrendoktor den philosophischen Autodidakten gefreut haben. Der altgewordene Anarchist lebte auch noch einmal auf angesichts der damaligen Studentenrevolte. Vor allem die französischen Ereignisse, den Fast-Sturz des Generals de Gaulle, verfolgten die beiden in New York mit Eifer. Ihr Interesse beruhte auch auf einer ganz persönlichen Beziehung: Einer der führenden Köpfe der französischen Studentenschaft, Daniel Cohn-Bendit, war der Sohn alter Bekannter noch aus ihrer Pariser Zeit. Der junge Rebell erhielt, als «unerwünschte Person» aus Frankreich ausgewiesen, von seiner Tante Hannah nicht nur moralische Unterstützung, sondern auch das Angebot finanzieller Hilfe. Aber auch hier lagen die Verhältnisse kompliziert. Die Schriftstellerin Arendt warnte gleichzeitig vor der Verwechslung von Gewalt mit Macht und riet der Studentenbewegung entschieden gewaltlose Methoden an. Verwies auf das Beispiel Gandhi, vertraute im übrigen auf die politische Kultur der nordamerikanischen Republik, die Folter und Konzentrationslager nie gekannt habe. Aus dieser Konfrontation mit der Studentenbewegung entstand ihr Essay «Macht und Gewalt», 1970 erst englisch und bald danach auch deutsch veröffentlicht.

Doch das alles erscheint, vom Ende besehen, nur als spätes Aufflackern politischen Interesses. Hannah und Heinrich erwogen ernsthaft, ob sie nicht ein Haus in Palenville oder gar in der Schweiz erwerben sollten. Man notierte sich die Namen von Leuten, die über die «Emigration» nachdachten. Die immer konsequenter erhobene Forderung nach «black studies» an den Universitäten lehnte Hannah kompromißlos ab. Die anwachsende großstädtische Kriminalität wurde als zunehmende Bedrohung erlebt – und die teilweise brachiale

Polizeigewalt bei der Niederschlagung der Studentenproteste am Ende der sechziger Jahre konnte beider psychischer Befindlichkeit gewiß nicht aufhelfen. Als Kur dagegen halfen – vor allem im Falle Heinrichs – nicht unbeträchtliche Mengen an Alkohol und immer wieder Nikotin. Eines der letzten Fotos zeigt den Mann, wie er durch einen Nebel von Zigarrenrauch skeptisch-melancholisch in die Kamera schaut; das Gesicht schon gezeichnet vom nahenden Ende – und dennoch ein ironischer und verschmitzter, ein sokratischer Betrachter seines fotografierenden Betrachters.

Jaspers' und Blüchers Tod

Hannah Arendts Welt begann sich zu verfinstern: Das Jahr 1969 brachte zunächst einmal den Tod des väterlichen Freundes Karl Jaspers. Hannah hatte ihm im Februar 1969 zu seinem 86. Geburtstag geschrieben. Der Philosoph, schon Wochen vor seinem Geburtstag schwer krank, starb wenige Tage später. Seine neunzigjährige Frau unterrichtete Hannah und Heinrich per Telegramm: «Karl gestorben, MEZ 13.43». Der Tod traf vor allem Hannah hart. Als seine emanzipierte Schülerin hatte sie die englische Ausgabe seines politischen Vermächtnisses «Wohin treibt die Bundesrepublik?» mit einem Vorwort versehen und den Basler Philosophen, der zur Philosophie zurückkehren wollte, aus dem Versprechen entlassen, sein geplantes Buch über ihre Eichmann-Reportage noch zu schreiben. Anfang März reiste Hannah zur Trauerfeier nach Basel. Während derselben trug sich eine Episode zu, die bezeichnend für Jaspers' (und Hannahs) Umgang mit dem Tod war. Der wahrlich unverwüstliche Jaspers, der qua Tonbandaufnahme noch an der eigenen Totenfeier als Redner teilnahm, hatte sich mit seiner Frau darauf verständigt, daß nicht Schwarz das Gesamtbild bestimmen sollte. Schließlich starb er, alt und lebenssatt, einen «guten Tod».

So kam es dazu, daß Hannah, den Partner unzähliger lebensvoller Gespräche zu ehren, zu ihrem schwarzen Trauerkostüm bunte Schals trug, die in allen Farben des Regenbogens leuchteten. Sie, die so viel von der europäischen Sitte hielt, durch schwarze Kleidung den Tod zu ehren, wich in symbolisch kalkuliertem Ausmaß davon ab. Auch sie sprach; würdigte Jaspers als einen der ganz seltenen Philosophen, die Freiheit und Vernunft hochgehalten haben, als ein Denker, der sich unablässig mit dem Mittel der Sprache in das politische Leben seines schwierigen Vaterlandes eingeschaltet habe.

Hannah hatte in Basel geschlossen: «Der Umgang mit den Toten – das will gelernt sein ...» Ein prophetischer Satz. Zurück in New York, blieb ihr nicht mehr als ein rundes Jahr für ruhiges wissenschaftliches Arbeiten, bevor der Tod erneut sein Recht einforderte. Wenig deutet darauf hin, daß Heinrich, seit 1968 emeritiert und also von Vorlesungen und universitärer Verwaltung befreit, an ihren Projekten noch wirklich teilgenommen hätte. Seine Altersmelancholie dämpfte jede Aktivität, zudem laborierte er im ersten Halbjahr 1970 an einer hartnäckigen Venenentzündung. Hannah dagegen hatte noch immer ihre Studenten. Sie teilte ihre Trauer mit ihnen, indem sie Arbeiten zu Jaspers' Werk anregte und ihn häufig in ihren Vorlesungen zitierte. Doch sie wurde sogar von vertrauten Studenten als launisch und unberechenbar erlebt; zeigte häufig ein verwirrendes Nebeneinander von Lampenfieber einerseits und schroffen Forderungen nach studentischer Leistung und intellektueller Brillanz andererseits.

Die beiden, wirklich miteinander alt geworden, flohen New York zunehmend. 1970 fuhren sie bereits im frühen Sommer nach Tegna. Hier wohnte man unweit Locarnos in der Albergo Barbate mit herrlichem Fernblick. Hannah schrieb über Denken und moralische Erwägungen, überarbeitete ihren Text, den zivilen Ungehorsam betreffend. Ins-

Hannah Arendt Ende der sechziger Jahre in New York. Die Erfahrungen des «Krieges» um den Eichmann-Bericht liegen hinter ihr, die Sorgen um Heinrichs Gesundheit lasten auf ihr, das Buch «Vom Leben des Geistes» erwartet sie.

gesamt verlief dieser Sommer höchst zufriedenstellend – für sie. Man erhielt Besuch von Mary McCarthy und Anne Weil; die beiden Urlauber ihrerseits besuchten zu wiederholten Malen Robert Gilbert in Locarno, nahmen dazu stets die malerische Bimmelbahn (Arendt: «Bimmel-Bammel») hinunter ins Städtchen. Es war aber Heinrichs letzter Besuch auf dem Alten Kontinent. Mehr als wahrscheinlich, daß der Berliner das ahnte. Er klagte damals über schnelle Ermüdbarkeit und Taubheit auf einem Ohr, fürchtete insgesamt um seine Gesundheit, ging am Stock. Von seiner ursprünglichen Lebensintensität und leidenschaftlichen Freude am sprechenden Verfertigen der Gedanken war so gut wie nichts mehr übriggeblieben. Hannahs Begeisterung für diesen Sommer: Heinrich Blücher hat sie nicht mehr zu teilen vermocht.

Während sie gern noch länger in Europa geblieben wäre, mit ihren Büchern und zusammen mit ihm, arbeitend und redend mit Blick auf die Schweizer Bergwelt, wollte der Mann nur noch nach Haus. Dem melancholischen Kranken müssen die Alltagsroutinen des New Yorker Zuhauses als Zuflucht erschienen sein. Der September zwang beide dann ohnehin zur Rückkehr nach New York, sie hatte schließlich Lehrverpflichtungen zu erfüllen. Also überquerte man ein letztes Mal zusammen den Atlantik. Arendt arbeitete und lehrte in New York erneut über das Denken und moralische Erwägungen, beschäftigte sich in diesem Zusammenhang mit Kants «Kritik der Urteilskraft». Sie suchte nach Wegen, das Moralische und das Politische, den guten Menschen und den guten Bürger zusammenzubringen. Über dieses Thema trug sie auch am 30. Oktober einer existenzphilosophisch interessierten Versammlung an der New School vor. Am Abend danach kam J. Glenn Gray, ein sehr guter Kollege, Freund und Heidegger-Übersetzer, zu dem Ehepaar an den Riverside Drive. Blücher hatte bereits am Vormittag Schmerzen in der Brust gefühlt. Beteiligte sich dennoch lebhaft am

Gespräch, verfocht seine Ansichten mit Verve und großen Gesten. Man aß Abendbrot, Heinrich sprach wie üblich dem Alkohol zu. Ein lebhafter Abend.

Beim Frühstück am nächsten Morgen wurde Heinrich übel, plötzlich und dramatisch. Er schleppte sich mit Mühe zur Couch. Es war ein erneuter Herzinfarkt – doch diesmal ein «massiver», wie Hannah später an den deutschen Schriftsteller Uwe Johnson schreiben wird. Es war, wenn man so will, ein Rauchertod, wie ihn fünf Jahre später auch Arendt selbst erleiden sollte. Während Hannah in Panik geriet und vor Aufregung kaum den Notarztwagen herbeizurufen vermochte, blieb Heinrich ganz ruhig; nahm die Hand seiner Frau und sagte mit leiser Stimme: «Das war's.» Heinrich Blücher starb noch am gleichen Abend dieses 31. Oktober im Mount Sinai Hospital. Nun war eingetreten, was Hannah seit zehn Jahren gefürchtet hatte. So hat sie es im November 1970 Mary McCarthy mitgeteilt – im Zimmer des Toten sitzend, auf Heinrichs Maschine schreibend. Blücher muß auf seinen Tod mental vorbereitet gewesen sein, sie war es nicht. Noch im nachfolgenden Winter konnte sie, am Riverside Drive ins Gespräch mit einem Schüler versunken, der eintretenden Anne Weil zurufen: «Heinrich, laß deine Galoschen an der Tür stehen.» Heinrichs Schüler Martin Self hat formuliert: «With Heinrich dead, the world seems darker to me. He was never a happy man himself, but he knew joy at times. He was my only teacher.» Ersetzt man das «der einzige Lehrer» durch «der einzige Gefährte» – so sprechen diese Sätze aus, was Hannah Arendt empfunden haben muß. Ohne Heinrich war die Welt vollends dunkel geworden. Und: Er war vielleicht kein glücklicher Mensch – aber ein Lehrer und ein Gefährte gewesen. Sie wird seinen Tod nie verwinden.

Heinrichs Beisetzung fand am 4. November 1970 in der Riverside Memorial Chapel statt. Blüchers Kollegen, zwei seiner Studenten, Mary McCarthy, aus Paris angereist, sprachen. Eine schlichte Zeremonie. Doch Hannah hatte ursprünglich für den Nichtjuden Heinrich den Kaddisch, das jüdische Totengebet, gewünscht – wohl als ein Zeichen dafür, wie unvergleichlich nahe ihr, der Jüdin, dieser Deutsche gekommen war. Der Kaddisch galt ihr, schrieb sie einmal an Mary McCarthy, als ein Klagelied, das die Liebenden den Toten schulden; ein mittelmeerisch ausdrucksstarker Preis Gottes, der nun wieder genommen hatte, was er einst gab. Vielleicht war ihr ungewöhnlicher Wunsch auch als eine letzte, posthume Bestätigung dafür zu verstehen, daß Heinrich Blücher erfüllt hatte, was er vor ihrer Verbindung in enthusiastischen Briefen versprochen hatte. Jedenfalls wünschte sie sich die Eingliederung Heinrichs in jene untergegangene Welt des deutschen Judentums, der ihr gesamtes Denken und Fühlen entstammte. Hannahs nachgetragene Liebeserklärung für ihren deutschen Mann: Deren Tiefe erscheint einzig auf dem Hintergrund des Holocaust wirklich zu ermessen.

Arendt führte danach dennoch das Herbstsemester an der New School zu Ende. Anne Mendelssohn, die älteste Freundin, kam zu ihr in die New Yorker Wohnung. Mit ihr vermochte sie Ostpreußisch zu reden – das Deutsche in landsmännischer Prägung blieb ihre Sprache bis zum Schluß. Deutsch als die Sprache, die sie mit den beiden Männern verbunden hatte, die sie wirklich geliebt hatte. Dafür gab es keinen Ersatz – wofür sich am Ende noch eine fast kuriose Bestätigung fand. Der Dichter Wystan Hugh Auden, der oft bei ihr und Heinrich zu Gast gewesen war, lange Nachmittage hindurch bis in die Abende hinein, W. H. Auden, den sie bemuttert hatte, indem sie dem Bohemien neue Anzüge kaufte – dieser chaotische Künstler erklärte Hannah seine Liebe. Auden machte ihr einen Antrag auf Zusammenleben und Heirat, weniger als einen Monat nach Heinrichs Tod. Sein Antrag wurde abgelehnt.

Nach Heinrichs Tod konnte es keinen anderen Mann

mehr in Hannah Arendts Leben geben. Statt dessen gab es immer noch ablenkende Reisen und neue Lehr- und Schreibprojekte. Darin schritt das Leben noch fünf weitere Jahre fort. Der Februar 1971 brachte Hannah einen erholsamen Aufenthalt auf dem Lande. Eingeladen von einem ehemaligen Schüler, verbrachte sie stille Winterwochen in Saint John's Abbey in Minnesota, mitten im hohen Schnee, unter hellen Sternen am winterklaren Himmel. Das Frühjahr sah sie, zusammen mit Mary McCarthy und James West, auf Sizilien. Nun zahlte die Unabhängigkeit sich aus, die der Wohlstand verleiht. Und doch galten alle Veranstaltungen nur der Beantwortung der einen Frage, die sie am Abend nach Blüchers Tod den Freunden gestellt hatte: «Wie soll ich jetzt weiterleben?» Hannah Arendt, eine weltbekannte Autorin, erschien von Einsamkeit gezeichnet; zitierte damals häufig Sokrates' dunklen Abschiedsmonolog aus Platons «Apologie» (der auch bei Heinrichs Begräbnisfeier gesprochen worden war) – außer Gott sei allen verborgen, was denn das «bessere Geschäft» sei: zu leben oder zu sterben.

Eine mögliche Antwort darauf bestand in einem Leben für die Erinnerung und in der Rückkehr zur Philosophie. «Und vieles / Wie auf den Schultern eine / Last von Scheiten ist / Zu behalten» – diesen Hölderlin-Vers schrieb sie damals an ihre Freundin Mary. Behielt deshalb auch die Wohnung am Riverside Drive bei, in der sie mit Heinrich gelebt hatte. Die intellektuelle Hauptarbeit der folgenden Jahre wird in der Abfassung des Textes «Vom Leben des Geistes» bestehen. Was jeweils entstand, wurde mit Mary McCarthy und dem Philosophen-Freund J. G. Gray diskutiert. Die Freundin würde «Vom Leben des Geistes» schließlich posthum veröffentlichen. Der Freund erwiderte die Arbeit des Verstehens, die sie ihm einst in ihrem Vorwort zu seinem Buch «The Warriors» erwiesen hatte, durch unermüdliche Diskussionsbereitschaft.

Hannah lebte für «Vom Leben des Geistes». Sie begann

mit dem Kapitel über das Wollen, vermittelt über die Tatsache, daß dieses Kapitel zugleich eine kritische Beschäftigung mit Heidegger darstellte. So wie sie über Gray mit dem Geliebten ihrer frühen Studententage in Verbindung stand, so kehrte sie in ihrer philosophischen Beschäftigung zu Feldern zurück, die der Freiburger Philosoph besetzt hielt. Beider Beziehung intensivierte sich erneut bis hin zu Besuchen (bei denen aber Frau Heidegger immer zugegen sein wollte und keine rechte Gesprächsatmosphäre aufkommen ließ). Heidegger sandte ihr nun erneut ein Gedicht, nachdem sie seinerzeit einen respektvollen Artikel zu seinem 80. Geburtstag beigesteuert hatte. Doch indem Hannah sich erneut mit Heidegger beschäftigte, hielt sie zugleich Heinrich die Treue: denn sie kritisierte Heideggers Wollens-Philosophie durchaus im Sinn Blüchers. Martin Heidegger hatte sich nach seiner «Kehre» vom Wollen und Handeln zugunsten des reinen Denkens abgewandt. Er erklärte das Denken selbst zu einer Form des Handelns; erblickte nun schopenhauerisch im aktiven Wollen das Grundübel für jeden Philosophen. Arendt kritisierte daran die Unmöglichkeit, zum Handeln als der Vorbedingung aller Politik zu gelangen, Neuanfänge zu setzen – also etwas, was der tote Heinrich ihr einst nahegebracht, ja für sie verkörpert hatte. Sie sah den Freiburger Philosophen zur mystischen Tradition eines Meister Eckhart zurückgekehrt. Ihr dagegen ging es darum, dem Geist die Möglichkeit des Rückzugs aus der Welt zu eröffnen, ohne daß dieser die Welt deshalb geringschätze.

Auf diese Weise hielten die letzten Lebensjahre Kontinuität für Hannah Arendt nur noch in den alten Freunden bereit. Sie selbst hatte gar nicht das Gefühl, daß sie sich von der Welt zurückzog; sondern fand umgekehrt, daß die Welt sich auflöse. Gesundheitliche Sorgen traten dazu. Im Dezember 1971 teilte der Arzt ihr mit, daß sie eine Angina habe, und riet dringend zu gesunderem Leben. Sie lehnte rundum ab; schränkte weder ihr Rauchen noch die Anzahl der Verpflichtungen ein, im klaren Bewußtsein übrigens, daß dies ihr Leben verkürzen würde. Freilich erleichterte sie sich ihre Arbeit nunmehr soweit wie nur irgend möglich, stellte gleich mehrere Sekretärinnen ein. Die gesellschaftlichen Verpflichtungen in der Wohnung am Riverside Drive wurden durch Angestellte erträglich gestaltet. Heinrich hätte diese Partys gewiß als bürgerlichen Luxus kritisiert; doch so blieb die Kontinuität bewahrt. Zu jedem Todestag ihres Mannes fuhr Hannah ins Bard College, setzte sich für eine Zeitlang auf jene Steinbank in der Nähe seines Grabes, die heute noch dort steht. Man sieht von dort über weite Rasenflächen und auf die Einfahrtsstraße des Campus und sitzt inmitten jener Toten, denen das College zur eigentlichen Heimat geworden war.

Die Ehrungen, die sie nun erreichten, Früchte eines reichen Gelehrtenlebens, mögen sie immerhin noch gelinde gefreut haben. Arendt erhielt verschiedene Ehrendoktortitel und wurde nach Aberdeen geladen, die «Gifford Lectures» im Frühjahr 1973 zu übernehmen – eine hohe Ehre bei der Reihe bedeutender Namen, die in diesem Programm versammelt waren. Sie reiste erneut nach Europa, besuchte in Israel die Familie Fürst, in Basel Gertrud Jaspers und in Freiburg Martin Heidegger. Hannah schrieb nun an dem Manuskript über «Das Denken», das ihr nach dem Urteil der Freunde überraschend unpolitisch geriet. Es legte die Betonung darauf, daß Denken, im Unterschied zum Erkennen, sich eher gegenstandslos und selbstbezogen darstelle. Darin stand sie nun Heideggers Auffassung gar nicht mehr so fern. Vor allem aber schloß sie sich an die Gewichtung des ästhetischen Urteils durch Kant an. «Und der Grund, aus dem ich so sehr an Kants Kritik der Urteilskraft glaube, liegt ... darin, daß ich glaube, die Art und Weise, in der wir sagen ‹das ist richtig, das ist falsch› unterscheidet sich gar nicht so sehr von der, in der wir sagen ‹das ist schön, das ist häßlich›» (Vortragsmanuskript v. 21. 1. 1973). Dergestalt wurde ihr das Urteilen zur eigentlichen politischen Betätigung im Leben des Geistes; in Analogie zum Kantischen Urteilen in Geschmacks- und Kunstfragen also das Ästhetische als letzter Grund.

Hannah sah sich tatsächlich noch mit einem weiteren, letzten Heiratsantrag konfrontiert. Er kam von dem alten Freunde Hans Morgenthau, mit dem sie häufig auf Reisen zusammengewesen war. Wie immer sie Morgenthau der Kategorie des «masculini generis» zurechnete, sie wies ihn ab – da er nach ihrem Urteil Blüchers Einfühlung nicht besaß. Und dann starb im Herbst 1973, am 28. September, W. H. Auden. Als einer ihrer Studenten ihr anbot, sie zur Beisetzungsfeier zu begleiten, brach Arendt in Tränen aus. Sie machte sich nun Vorwürfe, den hilflos-ungeschickten Auden abgewiesen zu haben. Andererseits erlebte sie 1973 noch die Genugtuung, Israel im Jom-Kippur-Krieg siegen zu sehen. Die Königsbergerin hatte damals Vorkehrungen getroffen, ihren Verwandten in Tel Aviv schnell mit Geld helfen zu können, falls es zum Äußersten kommen sollte. Ihre Arbeit am «Leben des Geistes» wandte sich nun den aktuellen existentiellen Problemen zu. Sie setzte sich mit Ciceros («De Senectute») Einschätzung des Alterns auseinander; teilte dessen Hochschätzung des Alters und erwog sogar, gegen die modische Hochschätzung des Jungseins und gegen Simone de Beauvoirs Buch über «Das Alter», eine Art von modernem «De Senectute» zu verfassen.

Tod in New York

Dann traf sie der Vorbote des eigenen Todes. Für die «Gifford Lectures» in der ersten Maiwoche in Aberdeen hatte sie «Das Wollen» für die Vorlesung ausgearbeitet. Mitten in der Veranstaltung erlitt sie einen schweren Herzinfarkt. Ihr Verleger William Jovanovic, zufällig anwesend, half mit eigenen Herzmedikamenten aus. Hannah kam in die Intensivstation des Krankenhauses – wo sie sich als außerordentlich schwierige Patientin erwies. Kaum erholt, das Sauerstoffzelt war gerade aus dem Krankenzimmer entfernt, begann sie erneut zu rauchen; nahm auch ihren enormen Kaffeekonsum wieder auf. Alle ärztlichen Vorhaltungen nützten nichts. Hannah erging sich in Invektiven gegen Menschen, die nur für ihre Gesundheit leben wollten. Die eingebildete Gesunde wollte nach Tegna abreisen, bevor der Arzt es für ratsam hielt, und sie setzte ihren Willen durch. Im Mai dort angekommen, fuhr sie bald schon zu Heidegger weiter. Der war inzwischen 85 Jahre alt und fast vollständig taub. Ihr Aufenthalt wurde eine einzige Enttäuschung, denn Elfride ließ die beiden niemals allein miteinander. Freilich: Zurück in New York, feierte Arendt 1974 die traditionelle Neujahrsparty nicht nur mit den «Stammes»-Mitgliedern, sondern erlebte auch die Freude, daß sie zum Passahfest zusammen mit jüdischen Freunden, die ihr seit der Eichmann-Kontroverse entfremdet gewesen waren, die Haggada hören und traditionelle Gesänge singen konnte.

Arendts letztes Lebensjahr begann also versöhnlich. Im Frühjahr gab es dann eine hochkarätige Anerkennung in Form des Kopenhagener Sonning-Preises. Die dänische Regierung vergab diesen Preis für herausragende Beiträge zur europäischen Kultur. Er brachte Hannah Arendt 35000 Dollar und die hohe Ehre ein, in einer Reihe mit beispielsweise Winston Churchill, Bertrand Russell und Niels Bohr ausgezeichnet worden zu sein. Anläßlich ihrer Preisrede erinnerte sie an Dänemarks einzigartigen Widerstand gegen die Judenpolitik der Nazis. Doch die Laureatin reflektierte damals auch über die Vergänglichkeit des Ruhms, unterstrich ihre eigene Entschlossenheit, keine «Ausnahme» sein zu wollen. Sie erinnerte daran, daß die gesamte «Gesellschaft der Zelebritäten», wie sie zwischen den Kriegen existiert und beispielsweise von Stefan Zweig gefeiert worden war, gegen das Heraufkommen des Totalitarismus keine wirkliche Abwehrmauer gebildet hatte. Wohingegen die «Masse der Nichtberühmten» die politische Katastrophe der dreißiger Jahre viel eher begriffen hätte; hierin gedachte die nun wirklich weltweit berühmt gewordene «Schnupper» noch einmal – so öffentlich wie für das damalige Publikum gewiß unkenntlich – ihres toten «Monsieur». Dieser «Nichtberühmte» hatte ihr, nunmehr Teil der Gesellschaft der «Zelebritäten», einst entscheidend geholfen, die politische Katastrophe des 20. Jahrhunderts zu begreifen. In Kopenhagen war eigens eine hochbetagte Schwägerin ihres Vaters aufgetaucht, um Hannah zu bestätigen, daß sie nunmehr alle dessen Erwartungen erfüllt hätte – und aus gleichem Anlaß erreichte sie auch der zitierte Brief von Yela Löwenfeld. Ein Kreis hatte sich geschlossen. Große Erwartungen, einst in Königsberg entstanden, waren in Kopenhagen Wirklichkeit geworden. Wenn man die Verleihung des Sonning-Preises als die Erfüllung einer Jugendphantasie versteht – begreift man vollends die untergründige Hommage an den «unberühmten» Gefährten Heinrich, die Hannahs Denkrede durchzieht. Daß man sie heute in Kopenhagen feierte – es war auch ein Verdienst des Toten.

Doch zusammen mit den Zeichen der Unsterblichkeit im Reich des Geistes häuften sich nun die irdischen des Abschieds. Arendt überführte einen Teil ihres Briefwechsels ins Deutsche Literaturarchiv in Marbach. Das kostete die fast 70jährige einen anstrengenden Monat ordnenden Arbeitens. Und wie immer sie auch mit dem damaligen Leiter des Archivs, dem Dichter und Essayisten Ludwig Greve, harmonierte, sie vermißte schmerzlich die abendlichen Gäste ihres «Stammes». Zum Abendessen mußte sie oft genug allein ins einzige Hotel des Städtchens. Zwar lag Freiburg nicht weit entfernt. Doch sie besuchte Martin Heidegger nur noch ein einziges Mal. Dem ging es nicht gut. Er stand schon erkennbar an der Schwelle des Todes. Angesichts dieses Zustands versöhnten sich sogar Hannah und Elfride, nachdem diese zuvor schon Hannah um Rat wegen des Verkaufs des «Sein und Zeit»-Manuskriptes gefragt hatte.

Zurück in New York, lud Hannah sich fast jeden Abend Gäste ein. Sie war in ein New York zurückgekommen, in dem die Gegend am Riverside Drive wegen der drastisch angestiegenen Gewaltkriminalität gefürchtet war. Ältere Menschen wagten sich kaum noch aus dem Haus. Arendt muß, im letzten Herbst ihres Lebens, sogar erwogen haben, New York und die Wohnung am Riverside Drive für immer zu verlassen. Jedenfalls plante sie, eine längere Einladung an das Smith College in Northhampton, Massachusetts, anzunehmen. Der Tod kam dem zuvor. Der gleiche Rauchertod, der nämliche «massive Herzinfarkt», der ihr schon den Gefährten genommen hatte, der Tod zweier leidenschaftlicher Denker und Diskutanten, die Nikotin und Coffein für ihre Lebenstätigkeit des Diskurses so sehr benötigten wie andere den Sauerstoff zum Atmen. Am Abend des Dienstag, des 4. Dezembers 1975, waren Salo und Jeanette Baron bei Hannah Arendt zu Gast. Der Kaffee war serviert (nie hatte sie von diesem Getränk gelassen), da sank Arendt nach einem heftigen Hustenanfall ohnmächtig in den Sessel zurück. Sie hatte, wie gewöhnlich, geraucht. Der Hausarzt wurde verständigt, vermochte nur noch den Herztod festzustellen. Hannah Arendt starb am selben Ort wie zuvor der Gefährte Heinrich Blücher. Und auch als Theoretikerin des menschlichen Miteinanders und gemeinsamen Handelns starb sie nicht allein, sondern mitten in einer geselligen Handlung.

Hannah Arendt wurde am 8. Dezember 1975 in der Riverside Memorial Chapel beigesetzt. Ihre Trauerfeier entsprach, ganz wie sie es gefordert hatte, in den Einzelheiten der für Heinrich. Der Ritus selbst gab sich als ein Kompromiß (und war tatsächlich Ergebnis einer längeren Diskussion): Ihre Nichte las einen Psalm auf hebräisch, und Daniel Klenbort, der Sohn Chanans und Charlottes, las danach den gleichen Psalm auf englisch. Unter den dreihundert Trauergästen waren selbstverständlich auch die nahen Freunde und beruflichen Weggenossen. Mary McCarthy und Hans Jonas sprachen. Letzterer hatte die Tote noch in Marburg, in Heideggers Seminar, erlebt. Seine Erinnerung mag sich durchaus mit dem decken, was Heinrich Blücher empfunden hatte, als er in Paris diese Frau, die dann die seine werden würde, zum erstenmal auftreten und als Rednerin sprechen sah und hörte – ein doppelter Anfang also und als solcher zum Abschluß dieser Doppelbiographie geeignet. «Wie gut ich mich an diese einzigartige Neue erinnere! Scheu und in sich gekehrt, mit überwältigend schönen Zügen und einsamen Augen … Große Intelligenz war dort keine Mangelware. Aber hier war eine Intensität … ein Gespür für Qualität … die ihr etwas Magisches gaben. Man spürte eine absolute Entschlossenheit, sie selbst zu sein …»

Quellen und Literaturhinweise

Werke

Sämtliche Werke von und über Hannah Arendt erschienen, wo nicht anders angegeben, im Piper Verlag München.

Hannah Arendt, Rahel Varnhagen, Lebensgeschichte einer deutschen Jüdin aus der Romantik. Zuerst München 1959

Dies., Elemente und Ursprünge totaler Herrschaft. Zuerst 1951, deutsch 1955

Dies., Eichmann in Jerusalem. Ein Bericht von der Banalität des Bösen. Zuerst 1963, deutsch 1964

Dies., Vita activa. Zuerst 1968 bei Chicago UP

Dies., Menschen in finsteren Zeiten. Zuerst 1968 bei Harcourt, Brace and Co.

Dies., Vom Leben des Geistes. 2 Bde. Zuerst 1977. Deutsch 1979

Dies., Was ist Politik? Zuerst München 1993

Gespräche und Briefe

Hannah Arendt, Ich will verstehen. Selbstauskünfte zu Leben und Werk, hg. von Ursula Ludz. München 1996

Gespräche mit Hannah Arendt, hg. von Adalbert Reif. München 1976

Hannah Arendt/Heinrich Blücher, Briefe 1936–1968, hg. von Lotte Köhler. München 1996

Hannah Arendt/Karl Jaspers, Briefwechsel 1926–1969, hg. von Lotte Köhler und Hans Saner. München 1985

Hannah Arendt/Mary McCarthy, Between Friends: the Correspondence, ed. by Carol Brightman, New York 1995

Sonstige Literatur

Lion Feuchtwanger, Unholdes Frankreich. Mexico City: Editorial El Libro Libre 1942

Randall Jarrell, Pictures From an Institution. London: Faber & Faber 1954

Kurt Blumenfeld, Erlebte Judenfrage. Stuttgart: DVA 1962

Max Fürst, Gefilte Fisch. Eine Jugend in Königsberg. München: Hanser Verlag 1974

Hannah Arendt, Materialien zu ihrem Werk, hg. von Adalbert Reif. Wien: Europaverlag 1979

Elisabeth Young-Bruehl, Hannah Arendt. Leben, Werk und Zeit. Frankfurt am Main: S. Fischer Verlag 1986

Wolfgang Heuer, Hannah Arendt in Selbstzeugnissen und Bilddokumenten. Reinbek: Rowohlt Verlag 1987

Rüdiger Safranski, Ein Meister aus Deutschland. Heidegger und seine Zeit. München, Wien: Hanser Verlag 1994

Willi Jasper, Hotel Lutetia. München, Wien: Hanser Verlag 1994

Danksagung

Ich habe zu danken: dem Archiv der Library of Congress, Washington, dem Deutschen Literaturarchiv, Marbach, und dem Bard College, New York, für freundliche Zusammenarbeit; ferner Dr. Hermann Heidegger für die Erlaubnis, in den Briefwechsel zwischen Martin Heidegger und Hannah Arendt Einsicht zu nehmen; meiner Universität, der Technischen Universität Norwegens (NTNU), für wiederholte finanzielle Beihilfen zu den notwendigen Reisen; der Humboldt-Stiftung für ein Stipendium. Ferner für Gespräche über den Text und zu Sachfragen: Gisela und Michael Wittekindt, Frankfurt am Main; Martin Frank, Trondheim; Johannes Zilkens, Köln; Edna Brocke, Essen; sowie vor allem und ganz besonders Dr. Lotte Köhler, New York.

Bildnachweis

Sämtliche Bilder stammen aus dem Hannah Arendt Bluecher Literary Trust, New York, und wurden mit dessen freundlicher Genehmigung reproduziert.

PAARE Lebensläufe zu zweit

Carola Stern
Isadora Duncan und Sergej Jessenin
Der Dichter und die Tänzerin

Dagmar von Gersdorff
Königin Luise und Friedrich Wilhelm III.
Eine Liebe in Preußen

Joachim Köhler
Friedrich Nietzsche und Cosima Wagner
Die Schule der Unterwerfung

Stephan Reimertz
Max Beckmann und Minna Tube
Eine Liebe im Porträt

Günter Barudio
Madame de Staël und Benjamin Constant
Spiele mit dem Feuer

Matthias Wegner
Carola Neher und Klabund
Eine Geschichte von Liebe und Tod

Christa Maerker
Marilyn Monroe und Arthur Miller
Eine Nahaufnahme

Kyra Stromberg
F. Scott und Zelda Fitzgerald
Ein amerikanischer Traum

Helma Sanders-Brahms
Gottfried Benn und Else Lasker-Schüler
Giselheer und Prinz Jussuf

Renate Möhrmann
Tilla Durieux und Paul Cassirer
Bühnenglück und Liebestod

Dagmar von Gersdorff
Bettina und Achim von Arnim
Eine fast romantische Ehe

Alan Posener
John F. und Jacqueline Kennedy
Das Königspaar im Weißen Haus

Walter van Rossum
Simone de Beauvoir und Jean-Paul Sartre
Die Kunst der Nähe

Unda Hörner
Louis Aragon und Elsa Triolet
Die Liebenden des Jahrhunderts

Eckart Klessmann
Fürst Pückler und Machbuba
Gesellschaftlicher Skandal und Eklat des Herzens

Justus Noll
Ludwig Wittgenstein und David Pinsent
Die andere Liebe des Philosophen

Friedrich Rothe
Arthur Schnitzler und Adele Sandrock
Theater über Theater

Rowohlt · Berlin